中国社会科学院国情调研特大项目"精准扶贫精准脱贫百村调研"

精准扶贫精准脱贫百村调研丛书

CASE STUDIES OF TARGETED POVERTY REDUCTION AND
ALLEVIATION IN 100 VILLAGES

李培林／主编

精准扶贫精准脱贫
百村调研·赤溪村卷

"全国扶贫第一村"的脱贫实践

黎　昕　王绍据　耿　羽／著

社会科学文献出版社

SOCIAL SCIENCES ACADEMIC PRESS (CHINA)

中国社会科学院国情调研特大项目
"精准扶贫精准脱贫百村调研"
项目协调办公室

主　任：王子豪
成　员：檀学文　刁鹏飞　闫　珺　田　甜　曲海燕

总　序

　　调查研究是党的优良传统和作风。在党中央领导下，中国社会科学院一贯秉持理论联系实际的学风，并具有开展国情调研的深厚传统。1988年，中国社会科学院与全国社会科学界一起开展了百县市经济社会调查，并被列为"七五"和"八五"国家哲学社会科学重点课题，出版了《中国国情丛书——百县市经济社会调查》。1998年，国情调研视野从中观走向微观，由国家社科基金批准百村经济社会调查"九五"重点项目，出版了《中国国情丛书——百村经济社会调查》。2006年，中国社会科学院全面启动国情调研工作，先后组织实施了1000余项国情调研项目，与地方合作设立院级国情调研基地12个、所级国情调研基地59个。国情调研很好地践行了理论联系实际、实践是检验真理的唯一标准的马克思主义认识论和学风，为发挥中国社会科学院思想库和智囊团作用做出了重要贡献。

　　党的十八大以来，在全面建成小康社会目标指引下，中央提出了到2020年实现我国现行标准下农村贫困人口脱贫、贫困县全部"摘帽"、解决区域性整体贫困的脱贫攻坚目标。中国的减贫成就举世瞩目，如此宏大的脱贫目标世所罕见。到 2020 年实现全面精准脱贫是党的十九大提出的三大攻坚战之一，是重大的社会目标和政治任务，中国的贫困地区在此期间也将发生翻天覆地的变化，而变化的过程注定不会一帆风顺或云淡风轻。记录这个伟大的过程，总结解决这个世界性难题的经验，为完成这个攻坚战献计献策，是社会科学工作者应有的责任担当。

2016 年，中国社会科学院根据中央做出的"打赢脱贫攻坚战"战略部署，决定设立"精准扶贫精准脱贫百村调研"国情调研特大项目，集中优势人力、物力，以精准扶贫为主题，集中两年时间，开展贫困村百村调研。"精准扶贫精准脱贫百村调研"是中国社会科学院国情调研重大工程，有统一的样本村选择标准和广泛的地域分布，有明确的调研目标和统一的调研进度安排。调研的 104 个样本村，西部、中部和东部地区的比例分别为 57%、27% 和 16%，对民族地区、边境地区、片区、深度贫困地区都有专门的考虑，有望对全国贫困村有基本的代表性，对当前中国农村贫困状况和减贫、发展状况有一个横断面式的全景展示。

在以习近平同志为核心的党中央坚强领导下，党的十八大以来的中国特色社会主义实践引导中国进入中国特色社会主义新时代，我国经济社会格局正在发生深刻变化，脱贫攻坚行动顺利推进，每年实现贫困人口脱贫 1000 多万人，贫困人口从 2012 年的 9899 万人减少到 2017 年的 3046 万人，在较短时间内实现了贫困村面貌的巨大改观。中国社会科学院组建了一百支调研团队，动员了不少于500名科研人员的调研队伍，付出了不少于3000个工作日，用脚步、笔尖和镜头记录了百余个贫困村在近年来发生的巨大变化。

根据规划，每个贫困村子课题组不仅要为总课题组提供数据，还要撰写和出版村庄调研报告，这就是呈现在读者面前的"精准扶贫精准脱贫百村调研丛书"。为了达到了解国情的基本目的，总课题组拟定了调研提纲和问卷，要求各村调研都要执行基本的"规定动作"和因村而异的"自选动作"，了解和写出每个村的特色，写出脱贫路上的风采以及荆棘！对每部报告我们都组织了专家评审，由作者根据修改意见进行修改，直到达到出版要求。我们希望，这套丛书的出版能为脱贫攻坚大业写下浓重的一笔。

中共十九大的胜利召开，确立习近平新时代中国特色社会主义思想作为各项工作的指导思想，宣告中国特色社会主义进入新时代，中央做出了社会主要矛盾转化的重大判断。从现在起到2020年，既是全面建成小康社会的决胜期，也是迈向第二个百年奋斗目标的历史交会期。在此期间，国家强调坚决打好防范化解重大风险、精准脱贫、污染防治三大攻坚战。2018年春节前夕，习近平总书记到深度贫困的四川凉山地区考察，就打好精准脱贫攻坚战提出八条要求，并通过脱贫攻坚三年行动计划加以推进。与此同时，为应对我国乡村发展不平衡不充分尤其突出的问题，国家适时启动了乡村振兴战略，要求到2020年乡村振兴取得重要进展，做好实施乡村振兴战略与打好精准脱贫攻坚战的有机衔接。通过调研，我们也发现，很多地方已经在实际工作中将脱贫攻坚与美丽乡村建设、城乡发展一体化结合在一起开展。可以预见，贫困地区的脱贫攻坚将不再只局限于贫困户脱贫，我们有充分的信心从贫困村发展看到乡村振兴的曙光和未来。

是为序！

全国人民代表大会社会建设委员会副主任委员

中国社会科学院副院长、学部委员

2018 年 10 月

前　言

　　党的十八大以来，以习近平同志为核心的党中央，从全面建成小康社会、实现中华民族伟大复兴中国梦的战略高度，把脱贫攻坚摆到治国理政的突出位置，提出一系列新思想新观点，做出一系列新决策新部署，推动我国脱贫事业取得了重大成就，谱写了人类反贫困史上的辉煌篇章。宁德，是习近平总书记新时代扶贫开发战略思想形成的重要"策源地"和"试验田"，习近平总书记在宁德工作期间的扶贫探索与实践，为新时代精准扶贫精准脱贫战略思想的形成提供了坚实的实践基础和理论基础。被称为"中国扶贫第一村"的赤溪村是福建省宁德市福鼎市磻溪镇下辖的一个畲族行政村，习近平总书记指出，"它（赤溪村）的历程是我们全国扶贫的一个历程，我们要很好地总结，而且要不断地向全面建成小康继续努力"。为了贯彻习近平总书记关于总结赤溪村扶贫历程的指示精神，我们在赤溪村进行驻村调研，以习近平总书记关于扶贫的重要论述为指导，按照中国社会科学院设计的"扶贫百村调研"问卷，通过半结构访谈、问卷调查、参与式观察等方法，细致了解赤溪村扶贫脱贫概况，对赤溪村扶贫脱贫长效可持续机制和经验进行提炼与总结，以期为推动全国的减贫事业提供案例借鉴。

目 录

第一章

导论：扶贫的中国经验

消除贫困，自古以来就是人类梦寐以求的理想，是各国人民追求幸福的基本权利，也是人类的共同使命。中国是世界上最大的发展中国家，一直是世界减贫事业的积极倡导者和有力推动者。国内学术界关于反贫困研究已有不少积累，但大多从舒尔茨的"人力资本"理论、纳克斯的"贫困恶性循环"理论、纳尔逊的"低水平均衡陷阱"理论、缪尔达尔的"循环累计因果论"、莱宾斯坦的"临界最小努力"理论、阿玛蒂亚·森的"可行能力"理论等发轫，运用马克思主义立场、观点、方法来研究现实中国贫困问题的学术作品还不多。本课题以习近平总书记关于精准扶贫精准脱贫等扶贫开发工作的重要论述为指导，梳理改革开放以来"中国扶贫第一村"赤溪村在习近平同志倡导下的扶贫经验做法，总结赤溪村长效常态的扶贫体制机

第一章　导论：扶贫的中国经验

制，试图为全国的扶贫开发工作提供案例借鉴，为中国特色的扶贫开发道路提供理论阐释。

第一节　马克思主义反贫困理论

资本主义工业革命之后，贫困作为特定的社会问题进入学者的研究视角。马尔萨斯（1992）以亚当·斯密的古典经济学为分析基础，认为贫困是一种自然现象，产生于自然规律。"人口的增殖力无限大于土地为人类提供生产生活资料的能力。""人口若不受到抑制，便会以几何比率增加，而生活资料却仅仅以算术比率增加。"真正对资本主义社会存在的贫困现象进行科学分析和深刻揭示的当首推马克思与恩格斯。马克思的贫困理论是最早从制度层面上揭示贫困根源的，是关于资本主义制度下无产阶级贫困化及其趋势的理论，具有阶级贫困的性质与制度分析的特点[1]。马克思（1961：656）指出，马尔萨斯的理论"之所以受到资产阶级的欢迎，是因为这种理论安慰了他们的良心……它将社会现象变成自然现象，并且让他能像看待任何一种自然现象那样心安理得、无动于衷地来静观无产阶级大批饿死，另一方面，把无产阶级的贫困看作是它本身的罪过并主张因此惩罚

精准扶贫精准脱贫百村调研·赤溪村卷

---

[1]　王朝明：《马克思主义贫困理论的创新与发展》，《当代经济研究》2008 年第 2 期。

它"。恩格斯（1972：274）指出，"工人阶级处境悲惨的原因不应当到这些小的欺压现象中去寻找，而应当到资本主义制度本身中去寻找"。马克思认为贫困来源于劳动异化，异化发生在劳动者与其劳动产品之间，工人不仅无法控制、使用自己的产品，而且在许多情况下，他们甚至对自己的生产内容、自己在生产中扮演的角色浑然不觉。劳动对于工人来说成为外在于他的东西，即不属于他的东西，因此，工人在劳动中没有感到幸福，而是感到不幸。这是人与自己类本质的异化。本来，动物的生产是片面的，而人的生产是全面的，动物只是在直接的肉体需要的支配下生产，而人甚至不受肉体需要的支配也进行生产。但是，在资本主义社会，劳动表现为仅仅是维持自己生存的手段，这是人同人相异化。当工人与自己的产品、自己的劳动过程相异化时，这些东西必然属于他人，这就必然表现为工人与这个他人（资本家）的对立或异化。同时，工人与自己的工作伙伴也会异化[1]。"工人生产的财富越多，他的产品的力量和数量越大，他就越贫穷。""在社会的增长状态中，工人的毁灭和贫困化是他的劳动的产物和他生产的财富的产物。就是说，贫困从现代劳动本身的本质中产生出来。"

赖特等新马克思主义者补充了马克思和恩格斯的理论，提出多重剥削以及四种资本类型：劳动力资本、金融资本、组织资本、技能或文凭资本。同时将经济压迫分为两类：一类是非剥削性经济压迫，即剥削者并不获得剩

---

[1] 周晓虹：《西方社会学历史与体系》，上海人民出版社，2002。

余产品，相反，剥削者的经济利益依赖于把被压迫者从压迫者消费的有价资源的获得途径中排除出去；另一类是剥削性经济压迫，即某一群体的经济福利通过剥削他人而提高，因为后者的剩余产品由前者支配。布迪厄延伸了资本内涵，认为在社会各种场域中，人们通过各种策略，会发生资源（经济资本、社会资本、文化资本、符号资本）的斗争，借助不同形式的教学行为，社会的统治阶级能够把他们的文化强加于其他人。不管是正式的（如学校）还是非正式的（如家庭和同伴群体），教学行动都可能导致文化再生产而且最终导致基本的权力关系的再生产。较少特权的阶级成员开始参加争取地位的斗争，习性方面的差异造成不平等的斗争因而造成不平等的再生产。沃勒斯坦将视野投向全球，其分析了两种基本的社会间关系，世界帝国和世界经济，驱动世界经济的基本联系是核心国家（发达国家）、半边缘国家和边缘国家（不发达国家）的关系，核心与边缘之间的每一次交换都是资源流向核心。

第二节　中国扶贫的实践与经验

发展为了人民，这是马克思主义政治经济学的根本立场。新中国的扶贫脱贫政策，是马克思主义基本原理与中国具体实际相结合的结果。毛泽东同志认为，中国要由农业国向工业国转变，小农经济是不稳固的，"为了摆脱贫困，改善生活，为了抵御灾荒，只有联合起来，向社会主义大道前进，才能达到目的"。社会主义改造的完成，为我国扶贫脱贫铺平了道路。以毛泽东同志为核心的党的第一代中央领导集体带领全党全国各族人民完成了新民主主义革命，进行了社会主义改造，确立了社会主义基本制度，成功实现了中国历史上最深刻最伟大的社会变革，为当代中国发展进步奠定了根本政治前提和制度基础。新中国成立后，国家在农村基层安排了"三级所有，队为基础"的组织建制，乡村组织动员体系有效地改善了农村公共物品供给状况，教育事业大规模普及，卫生事业快速发展，道路交通明显改善，农田水利基础设施广泛建设，农业机械、农业技术、农药化肥在一定范围内推广，供销合作体系网络初步建立，以农村经济为基础的五保户保障制度有效建立[1]，这些都使广大人民群众生活水平显著提高，奠定了中国减贫事业的基础。

改革开放后，邓小平同志提出，"社会主义要消灭贫穷。贫穷不是社会主义，更不是共产主义"。整个社会主义历史阶段的中心任务是发展生产力，对于中国来说，首先是要摆脱贫穷。江泽民同志将消除贫困视为党的根本宗旨，提出由救济式扶贫转向开发式扶贫。胡锦涛同志认为，要在保障贫困人口生存权的基础上实现其发展权，要在城乡一体化的建设中缩小差距，实现共同富裕。习近平指出，

----

[1] 中国社会科学院农村发展研究所课题组：《改革开放 40 年中国扶贫改革实践研究》，研究报告，2018。

要深刻理解改革开放与扶贫的关系，二者"出发点和归宿都是为了商品经济的发展，所以都应统一于商品经济规律的运动之中"，改革开放与扶贫彼此融合，要提倡"用开放意识来推动扶贫工作和在扶贫工作上运用开放政策"，改革开放与扶贫相互依存、互相促进，"扶贫的成果将是开放的新起点，开放将使扶贫工作迈向新台阶"。中国坚持改革开放，保持经济快速增长，不断出台有利于贫困地区和贫困人口发展的政策，为大规模减贫奠定了基础，提供了条件；坚持政府主导，把扶贫开发纳入国家总体发展战略，开展大规模专项扶贫行动，针对特定人群组织实施妇女儿童、残疾人、少数民族发展规划；坚持开发式扶贫方针，把发展作为解决贫困的根本途径，既扶贫又扶志，调动扶贫对象的积极性，提高其发展能力，发挥其主体作用；坚持动员全社会参与，发挥中国制度优势，构建了政府、社会、市场协同推进的大扶贫格局，形成了跨地区、跨部门、跨单位、全社会共同参与的多元主体的社会扶贫体系；坚持普惠政策和特惠政策相结合，先后实施《国家八七扶贫攻坚计划（1993—2000年）》和《中国农村扶贫开发纲要（2001—2010年）》，在加大对农村、农业、农民普惠政策支持的基础上，对贫困人口实施特惠政策，做到应扶尽扶、应保尽保，为大规模减贫提供了必要条件。

十八大以来，以习近平同志为核心的党中央不断把马克思主义中国化推向前进，不断把为人民造福事业推向前进，不断把实现"两个一百年"奋斗目标推向前进。党的十八大明确把深入推进新农村建设、扶贫开发和全面改善农村生产生活条件，作为全面建成小康社会的重要任务，党的十九大把精准脱贫作为坚决打好三大攻坚战之一。习近平总书记强调，"新中国成立以来，我们党带领人民持续向贫困宣战。经过改革开放37年来的努力，我们成功走出了一条中国特色扶贫开发道路，使7亿多农村贫困人口成功脱贫，为全面建成小康社会打下了坚实基础。我国成为世界上减贫人口最多的国家，也是世界上率先完成联合国千年发展目标的国家。这个成就，足以载入人类社会发展史册，也足以向世界证明中国共产党领导和中国特色社会主义制度的优越性"。"消除贫困、改善民生、逐步实现共同富裕，是社会主义的本质要求，是我们党的重要使命。全面建成小康社会，是我们对全国人民的庄严承诺。脱贫攻坚战的冲锋号已经吹响。我们要立下愚公移山志，咬定目标、苦干实干，坚决打赢脱贫攻坚战，确保到2020年所有贫困地区和贫困人口一道迈入全面小康社会。"新时期精准扶贫精准脱贫实践的基本经验主要包括以下几条。

一 坚持党的领导，强化组织保证

习近平总书记指出，"农村基层党组织是党在农村全部工作和战斗力的基础，是贯彻落实党的扶贫开发工作部署的战斗堡垒"。贫困地区脱贫致富的重要经验是：各级党委和政府高度重视扶贫开发工作，把扶贫开发列入重要议事日程，把帮助困难群众特别是革命老区、贫困地区的困难群众脱贫致富列入重要议事日程，抓好党建促扶贫，把扶贫开发同基层组织建设有机结合起来，抓好以村党组织为核心的村级组织配套建设，把基层党组织建设成为带领乡亲们脱贫致富、维护农村稳定的坚强领导核心，发展经济，改善民生，建设服务型党支部，寓管理于服务之中，真正发挥战斗堡垒作用。

二　坚持精准方略，提高脱贫实效

习近平总书记指出，"要坚持精准扶贫、精准脱贫，重在提高脱贫攻坚成效。关键是要找准路子、构建好的体制机制，在精准施策上出实招、在精准推进上下实功、在精准落地上见实效"。当前中国在扶贫攻坚工作中采取的重要举措，是实施精准扶贫方略，找到"贫根"，对症下药，靶向治疗，构建省市县乡村五级一起抓扶贫，层层落实责任制的治理格局，注重抓六个精准，即扶持对象精准、项目安排精准、资金使用精准、措施到户精准、因村派人精准、脱贫成效精准，确保各项政策好处落到扶贫对象身上，坚持分类施策，因人因地施策，因贫困原因施策，因贫困类型施策，通过扶持生产和就业发展一批，通过易地搬迁安置一批，通过生态保护脱贫一批，通过教育扶贫脱贫一批，通过低保政策兜底一批。

三　坚持加大投入，强化资金支持

习近平总书记指出，"要强化脱贫攻坚资金支持，在投入上加力，切实加强扶贫资金管理，优化资金配置，提高使用效率，确保每一分钱都花在刀刃上"。近年中央和省级财政不断加大扶贫投入，坚持政府投入在扶贫开发中的主体和主导作用，增加金融资金对扶贫开发的投放。同时加大扶贫资金整合力度，给予贫困县扶贫资金整合使用的自主权，支持贫困县围绕本县突出问题，以脱贫规划为引领，以重点扶贫项目为平台，把专项扶贫资金、相关涉农资金、社会帮扶资金捆绑使用。发挥资本市场支持贫困地区发展的作用，吸引社会资金广泛参与脱贫攻坚，形成脱贫攻坚资金多渠道、多样化投入。

四 坚持社会动员，凝聚各方力量

习近平总书记指出，"脱贫致富不仅仅是贫困地区的事，也是全社会的事。要更加广泛、更加有效地动员和凝聚各方面力量"。党政军机关、企事业单位开展定点扶贫，是中国特色扶贫开发事业的重要组成部分，也是我国政治优势和制度优势的重要体现，近年各有关单位围绕定点扶贫扎实工作，取得了积极成效。近年中国持续推动东西部扶贫协作和对口支援，推动区域协调发展、协同发展、共同发展，加强区域合作，优化产业布局，拓展对内对外开放新空间，扶贫协作和对口支援由"输血式"向"造血式"转变，实现互利双赢、共同发展。

五 坚持从严要求，促进真抓实干

习近平总书记指出，"脱贫攻坚，从严从实是要领。

必须坚持把全面从严治党要求贯穿脱贫攻坚工作全过程和各环节，实施经常性的督查巡查和最严格的考核评估，确保脱贫过程扎实、脱贫结果真实，使脱贫攻坚成效经得起实践和历史检验"。近年中国始终坚持问题导向，集中力量解决脱贫领域"四个意识"不强、责任落实不到位、工作措施不精准、资金管理使用不规范、工作作风不扎实、考核评估不严格等突出问题。建立长效机制，对脱贫领域的突出问题，一经举报，要追查到底。对查实的典型案件，坚决予以曝光，严肃追究责任。对发现的作风问题举一反三，完善政策措施，加强制度建设，扎紧制度笼子。

六　坚持群众主体，激发内生动力

习近平总书记指出，"贫困群众是扶贫攻坚的对象，更是脱贫致富的主体"。"幸福不会从天降。好日子是干出来的。脱贫致富终究要靠贫困群众用自己的辛勤劳动来实现"。近年中国不断加强扶贫同扶志、扶智相结合，激发贫困群众积极性和主动性，激励和引导群众靠自己的努力改变命运，使脱贫具有可持续的内生动力。采取以工代赈、生产奖补、劳务补助等方式，组织动员贫困群众参与帮扶项目实施。通过常态化宣讲和物质奖励、精神鼓励等形式，促进群众比学赶超，提振精气神。发挥村规民约作用，推广扶贫理事会、道德评议会、红白理事会等做法，通过多种渠道，教育和引导贫困群众改变陈规陋习，树立文明新风。

第二章

赤溪村扶贫概况

赤溪村是福建省宁德市福鼎市磻溪镇下辖的一个畲族行政村，被称为"中国扶贫第一村"。赤溪村干部群众经过十年"输血"就地扶贫，十年"换血"搬迁扶贫，十年"造血""旅游＋产业"扶贫，因地制宜，精准发力，终于走上了脱贫致富的小康路。2015 年赤溪村的扶贫开发工作得到了习近平总书记的批示肯定，2016 年 2 月 19 日，习近平总书记还通过人民网与赤溪村村民视频连线，在线交流。2015 年 12 月 7 日汪洋副总理亲临视察，并把赤溪村的扶贫工作作为扶贫"宁德模式"的典型之一。

第一节　赤溪村地理与人口概况

赤溪村位于闽东大山深处，位于国家5A级风景名胜区、世界地质公园——太姥山西南麓。九鲤溪和下山溪绕村而过，溪瀑景观奇特，溪水清冽透彻，使赤溪村成为一个山环水绕、风景如画、空气清新的美丽乡村。

赤溪村，宋代称"小杜家"，元代称"七都溪"，明清称"漆溪"，明万历《福宁州志》、清乾隆《福宁府志》和嘉庆、民国《福鼎县志》均称"漆溪"。赤溪坑里弄最早系杜家后裔迁入，故称"小杜家"。因村前溪流入七都溪，故村人以溪命地名曰"七都溪"。又因迁入赤溪时，村前门口洋有7座小土墩，古人称"七星洋"，喻有"七兴八旺"之意，故而把"七都溪"改为"柒溪"。为了使后人记住"七星之地"，赤溪村先人在赤溪坑里弄杜氏祠堂门口前安了七个星石，以示后人谨记。历史上赤溪种有大量漆桐（漆桐是生漆的主要原料），到处建有油坊，生产生漆，并与仙蒲纸张、吴阳毛竹一起作为福州纸伞的主要原料，目前油坊旧址尚存于赤溪村内，于是人们又用"漆"代替了"柒"，便成了"漆溪"。"柒溪"与"漆溪"通用了几个年代，至新中国成立后出现生产队，村里有两个组（柒溪坪与旗杆两个组）并成"柒旗队"，当地方言"柒"与"赤"谐音，"赤"亦是红之意，于是便出现了"赤旗队"。"赤溪"之名由此而来。

赤溪村地域面积11平方公里，水域面积1.2平方公里，距福鼎县城 53 公里，离磻溪集镇 22 公里，辖 14 个自然村，其中半岭村、下山下村、东坪里村、小溪村、坵宅村、溪南山村、半山村为地势较高的山村，坑里弄村、旗杆村、赤溪坪村、赤溪店村、排头村、湖里村、溪东村地势较平缓。赤溪村耕地面积 1400 亩，其中有效灌溉面积 600 亩，茶园 1200 亩，果园 218 亩，养殖水面 38 亩，生态林 9960 亩，经济林 5060 亩，森林覆盖率 90% 以上。

赤溪村共有 408 户 1827 人，其中建档立卡贫困户 2 户 7 人，低保户 11 户 19 人，五保户 13 户 13 人，少数民族户 156 户 802 人，外来人口户 32 户 130 人，常住人口 1360 人。全村劳动力 1123 人，其中外出半年以上劳动力 210 人，举家外出人口 26 户 105 人，外出半年以内的劳动力 112 人，外出到省外的劳动力 75 人，外出到省内县外的劳动力 247 人。全村大学文化 72 人（近五年毕业 26 人，在校生 28 人），高中文化 139 人，初中文化 404 人，小学文化 1039 人。赤溪小学现有教师 18 人，学生 120 人。全村党员 39 人（畲族党员 6 人，女党员 8 人，预备党员 1 人，外出党员 6 人；本科学历 7 人，大专学历 3 人，高中文化 4 人，初中文化 15 人，小学文化 9 人；平均年龄 50 周岁，35 周岁以下 10 人）。全村 60 周岁以上 188 人（90 周岁以上 2 人，80~90 岁 20 人，70~80 岁 57 人，60~70 岁 109 人）。

赤溪村以吴、沈、杜、王为主要宗族姓氏。①杜姓：杜家杜氏，肇基先祖杜宣教于北宋元丰年间迁居杜家里，筑室于石龟之巅，后分支迁乌杯、九鲤、赤溪，现分居于白琳三箩、薛岙、早田和点头等地。②吴姓：兰溪（青坑）吴氏，属延陵郡，肇基先祖吴福，南宋景定三年，迁兰溪（青坑）。至三世吴文伯生五子，立仁、义、礼、智、信五房。仁房如璋由青坑分居柯洋、吴阳山、赤溪坪、田北岭、水岙、泰顺察溪、罗地、霞浦大京利埕，信房如恒迁青坑、外洋、吴阳、湖里、佳阳、芹洋、王谷、鱼井、大湾、筼筜、渡头、宅里。③王姓：赤溪王氏，明成化年间由霞浦赤岸迁东溪头，再迁青坑东坪，又迁赤溪东坪里。④沈姓：小溪沈氏，清康熙元年由永定到浙江，居于瓯泰邑均山之胜地，后继迁鼎邑秀洋及小溪，现分居霞浦、桐山、白琳、点头、赤溪等地。⑤陈姓：杜家北岭后陈氏，先祖仲生迁居浙江苍南、藻溪、盛陶，于清康熙年间迁磻溪杜家八岭后迁赤溪。⑥黄姓：赤溪派头村黄氏，于清乾隆年间由宁德霍童石桥迁入。⑦褚姓：赤溪村地处福鼎霞浦交界处，虽属福鼎管辖，但与霞浦存有千丝万缕的联系，赤溪褚氏一族的发展亦不例外。清雍正三年赤溪褚氏先祖褚芳荐，只身由泉州南安县码头镇乘渡船至霞浦杨家溪寻找兄长，后遭变故，在杨家溪娶妻生子并定居数年，再转迁秦屿屯头，最后迁居赤溪，至今已繁衍 11 世。

第二节　赤溪村脱贫与发展概况

1984 年《人民日报》头版刊登反映赤溪村下山溪畲

族自然村群众贫困状况后，拉开了全国大规模、有组织扶贫攻坚的帷幕，因此赤溪村被称为"中国扶贫第一村"，赤溪村还是首个开展造福工程"整村移民搬迁第一村"（1994年）。2015年赤溪村的扶贫开发工作得到了习近平总书记的批示肯定，2016年2月19日，习近平总书记还通过人民网与赤溪村村民视频连线交流。赤溪村还先后被评为中国少数民族特色村寨保护与发展试点村、中国旅游扶贫试点村、中国乡村旅游模范村及中国最美休闲乡村，村党总支还被授予全国先进基层党组织称号。

1984~2016年，赤溪村农民人均纯收入从166元增加到15696元，村财政收入从无到有，在2016年达到50万元。30多年来，赤溪畲族村干部群众艰苦奋斗，顽强拼搏，在上级党委、政府及有关部门的重视关心、支持帮助下，不断探索实践，创新扶贫开发路子。2011年，赤溪村被福建省委、省政府确定为省级整村推进扶贫开发重点村，由福建省民族与宗教事务厅开展为期三年的挂钩帮扶工作。2012年被确定为省级少数民族特色村寨及福鼎市新农村建设重点村，2014年被列入全国少数民族特色村寨试点村、省级水乡渔村示范基地，2014年12月被确定为中国旅游扶贫试点村，2015年8月被确定为中国乡村旅游模范村，2015年10月被确定为中国最美休闲乡村。2016年7月赤溪村党总支被中共中央授予全国先进基层党组织称号。

2009年，赤溪村负债仍有25万元，2016年扭亏为盈，年收入50万元，其中水电站分红20余万元，自来水收入5万元，六妙茶业合作社分红（20%股份）10余万元，资源入股 10 余万元。目前赤溪村村民收入来源主要有：一是经营收入，全村开了 36 家特产店、10 家农家乐、14 家小超市；二是财产收入，全村 1400 亩水田 80% 得到流转，村民每亩每年收取 500 元租金，还有 40 多户村民租赁店面实现每年每户 2000~3000 元的店租收入；三是工资收入，210 多名村民在旅游公司、合作社就业务工，人均月工资 3000 多元；四是旅游项目建设收入，全村建筑从业人员 40 多人，从景观改造、民宿、农家店等建筑业实现年人均收入 6 万元。赤溪村现有贫困户 2 户 7 人。

目前赤溪村通村道路以硬化路为主，通村道路 2 公里，路面宽度为 6.5 米，村内通组道路长度为 9 公里。村内使用有线电视户数为 408 户，联网电脑户数为 220 户，使用智能手机人数为 900 人。村内有卫生室 1 处、敬老院 1 处，在敬老院内居住的老人有 8 人。村内已通民用电户数为 408 户，集中处置垃圾比例为 100%，集中供应自来水比例达到 100%。村民参加新型合作医疗和社会养老保险比例达到 100%。

表 2-1　赤溪村历年脱贫状况

单位：元，%

年份	村财政收入	村民人均纯收入	全国农民人均纯收入	村贫困人口数量 / 人口
1978	0			
1984	0	166	355.3	92.2
1985	0			
1986	0			
1990	0			
1994	0	852	1221	46.1
2000	0			

年份	村财政收入	村民人均纯收入	全国农民人均纯收入	村贫困人口数量 / 人口
2004	0	3521	2936	16.3
2008	0			
2010	0	4068	5919	11.3
2011	50000	5353	6977.3	
2012	50000	7350	7916.6	
2013	50000	9430	8895.9	
2014	150000	11674	10488.9	
2015	320000	13649	11421.7	1.2
2016	500000	15696		0.4

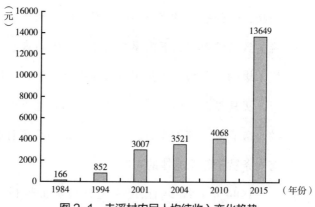

图 2-1 赤溪村农民人均纯收入变化趋势

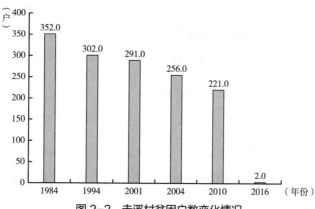

图 2-2 赤溪村贫困户数变化情况

赤溪村脱贫与发展大致经历了"输血""换血""造血"三个阶段。

一　送钱送物"输血"式扶贫（1984~1993 年）

　　20 世纪 80 年代，赤溪下山溪畬族自然村是贫穷的代名词：出村的路是盘旋山间的羊肠小道，砍根竹子到中心村置换些生活用品，全靠肩扛手提，跋山涉水来回得走上一天。"昔日特困下山溪，山高路险鸟迹稀；早出挑柴换油盐，晚归家门日落西……"恶劣的自然环境成为赤溪村脱贫致富的障碍。下山溪全村 22 户 88 口人，只有几座破烂不堪的茅草房、木瓦房散落在山旮旯里，村民们种粮没田，买盐没钱，个个面黄肌瘦，吃的是地瓜丝拌野菜，穿的是破衣裳，孩子光着脚板没鞋穿，甚至还有婆媳两人仅有一条裤子轮流遮体的窘况。

　　1984 年 6 月 24 日，《人民日报》头版刊发了一封反映赤溪下山溪畬族自然村贫困状况的来信和《关怀贫困地区》的评论员文章，引起党中央的高度关注和全国各地的强烈反响。1984 年 9 月 29 日，中共中央、国务院下发《关于帮助贫困地区尽快改变面貌的通知》，全国性的扶贫攻坚工作由此拉开序幕。

　　1988~1990 年，习近平在担任宁德地委书记期间曾"四下基层"，参与当地的扶贫工作。此后，他也始终关注这里的发展，多次提及水电资源综合开发利用与畬族发展，主张"先有钱、先办电"，由于他的批示，1991 年桑园水库电站项目得以立项动工建设，1993年因建电站，赤溪有了第一条可以通车的机耕土路。

二 整村搬迁"换血"式扶贫（1994~2003年）

1994年8月下山溪22户88名畲族同胞被纳入全省第一批造福工程整村搬迁，1995年4月迁至赤溪中心村所在地长安新街。

1995年5月26日，桑园水库建成蓄水，在当时来说这是福鼎历史上最大的扶贫项目，也是转变赤溪人民命运最关键的项目，电站建设期间赤溪村民务工增收，建成后赤溪村扶贫开发、脱贫致富步伐加速。

从1994年开始，共有12个自然村350多户村民陆续通过造福工程搬迁至中心村，长安新街也随之不断延伸，如今赤溪中心村规模已达1520多人。大山里的畲族群众陆陆续续从破旧的茅草屋住进了宽敞明亮的砖瓦房，人均住房面积也从原先的8.5平方米提高到40平方米，彻底告别了穷山恶水。

三 发展提升"造血"式扶贫（2003年至今）

2003年太姥山至赤溪旅游公路被打通，赤溪村旅游资源从此有了旅游客商的考察、规划、投资。2010~2012年又陆续改造磻赤线四级公路及白磻线三级公路。2013年11月，在宁德市委的重视支持下，又启动了杨家溪至赤溪旅游公路建设，2015年7月15日建成通车后使赤溪至高速路的时间缩短为20分钟。2015年5月1日建成太姥山至赤溪新的旅游公路杜龙路，进一步改善了太姥山至赤溪的交通条件。

2009年4月30日国务院扶贫开发领导小组办公室发文通知赤溪（下山溪）"福鼎市中国扶贫第一村"造福工程图文资料参加纪念新中国成立60周年大型扶贫"成就展"活动，赤溪从此有了"中国扶贫第一村"的称号。

2015年1月29日，习近平总书记在一份介绍宁德市赤溪村扶贫工作的文件上作出重要批示："30年来，在党的扶贫政策支持下，宁德赤溪畲族村干部群众艰苦奋斗、顽强拼搏、滴水穿石、久久为功，把一个远近闻名的贫困村建成了小康村。全面实现小康，少数民族一个都不能少，一个都不能掉队。要以'时不我待'的担当精神，创新工作思路，加大扶持力度，因地制宜、精准发力，确保如期啃下少数民族脱贫这块硬骨头，确保各族群众如期实现全面小康。"

2016年2月19日（农历正月十二），习近平总书记通过人民网，与赤溪村村民视频连线，村党总支书记杜家住代表全村人向总书记汇报了赤溪村的扶贫新进展。在人民网演播室，总书记给杜家住和赤溪村民传来了"特别回信"。他说："'中国扶贫第一村'这个评价是很高的，这里面也确实凝聚着宁德人民群众、赤溪村的心血和汗水。我在宁德讲过，滴水穿石，久久为功，弱鸟先飞，你们做到了。你们的实践也印证了我们现在的方针，就是扶贫工作要因地制宜，精准发力。"

第三节　赤溪村扶贫脱贫状况抽样调查分析

一　农户家庭成员基本情况

（一）村庄姓氏构成

本次调查共涉及 63 户，同时对这 63 户家庭人口构成进行了分析，这 63 户一共涉及 174 人。从这 174 人的姓氏分布，我们大致可以看出自然村的结构。从自然村的人口姓氏构成来看，人口数量最多的是吴姓，共有 30 人，按照户均人口 3 人左右来计算，吴姓大致有 10 户；其次是王姓，有 27 人，有 9 户；而杜姓和沈姓各自都有七八户。从姓氏结构的分布来看，自然村的姓氏集中程度相对比较低。

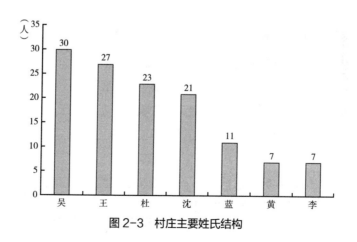

图 2-3　村庄主要姓氏结构

（二）自然村的人口性别年龄分布

从自然村中人口的性别年龄分布来看，本村呈现以下几个比较鲜明的特点。

一是30周岁以下的人口中，男性远远多于女性，男女性别比例不平衡，在21~30岁这个适合结婚的年龄阶段，女性资源严重稀缺。这其中的逻辑在于，本地作为南方宗族性文化地区，在出生的人口中，男孩偏好严重，出生性别比失衡，故而青少年人口中男性远多于女性；另外，由于男性寻找对象困难，不少大龄男性青年未婚的现象严重。

二是本村的青壮年人口所占比例要远远大于老龄人口占比，这与一般的中西部务工村庄的景象差异明显。这说明，本村并不是"空心村"，而是有大量的青壮年劳动力留在村庄。

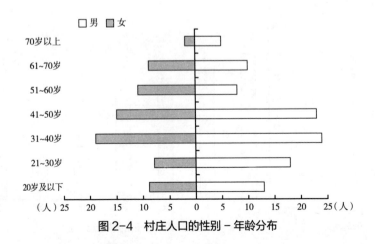

图2-4　村庄人口的性别－年龄分布

（三）大龄男性青年未婚情况普遍，光棍问题表现明显

数据分析显示（见表2-2），在21~30岁这个年龄区间，有55.6%的男性未婚，在31~40岁这个年龄区间，则有25.0%的男性未婚，在41~50岁这个年龄区间，则有8.7%的男性未婚。这表明，在当地，大龄未婚男性青年是一个社会问题。在乡村振兴和精准扶贫的过程中，应该充分注意婚姻家庭问题对于当地男性的精神健康以及幸福指数的影响。

表2-2　不同年龄段的男性人口的婚姻状况分布

单位：%

年龄段	婚姻状况（男性）				总计
	已婚	未婚	离异	丧偶	
20岁及以下		100.0			100.0
21~30岁	44.4	55.6			100.0
31~40岁	75.0	25.0			100.0
41~50岁	82.6	8.7	8.7		100.0
51~60岁	87.5		12.5		100.0
61~70岁	90.0			10.0	100.0
71岁及以上	100.0				100.0
总计	65.3	30.7	3.0	1.0	100.0

（四）健康状况与劳动能力

数据分析显示，在174人中，有86%的村民身体健康，有21人长期患有慢性疾病，还有2人残疾。在劳动能力方面，普通全劳动力所占比例为73.0%，而因为各种

原因丧失劳动能力的人口占 15% 左右。进一步分析发现，患病和丧失劳动能力与贫困的发生概率密切相关。

表2-3　村民劳动能力的分布状况

单位：人，%

序号	频率	百分比	有效百分比
1	127	73.0	73.0
2	9	5.2	5.2
3	12	6.9	6.9
4	4	2.3	2.3
5	2	1.1	1.1
6	20	11.5	11.5
总计	174	100.0	100.0

注：序号1表示普通全劳动力，2表示技能劳动力，3表示部分丧失劳动能力的劳动力，4表示无劳动能力但有自理能力的劳动力，5表示部分无自理能力的劳动力，6表示在校学生或不满16岁的劳动力。

（五）人口流动与务工情况

本村劳动力的务工以本地务工为主，属于本地劳动力市场就业的典型，有接近 49% 的劳动力是在县内务工，46% 的劳动力在本乡镇务工。这种比较短距离的劳动力流动模式，与本村所在的区位有关系，本地劳动力市场发达，能大规模吸引本地劳动力。

另外，从户籍状况来看，82.2% 的人口属于本地户籍，还有 17.8% 的人口属于外来非本地常住人口。这说明，有不少人口是从外地来本地务工。从人口流动的角度看，本村的流动特征比较明显。

表2-4 劳动力流动的半径

单位：人，%

	务工状况				
	序号	频率	百分比	有效百分比	累积百分比
有效	1	80	46.0	46.0	46.0
	2	4	2.3	2.3	48.3
	3	25	14.4	14.4	62.6
	4	9	5.2	5.2	67.8
	5	56	32.2	32.2	100.0
	总计	174	100.0	100.0	

注：序号1表示乡镇内务工，2表示乡镇外县内务工，3表示部分县外省内务工，4表示省外务工，5表示在家务农、学生等。

（六）社会保障情况

在医疗保障方面，村民主要是参与新农合，在174人当中，有169人参与了新农合，占比为97.1%；其他的医疗保障几乎可以忽略不计。在养老保障方面，参与基本养老保险的人数为138人，参与城镇职工养老保险的人数为4人，还有1人享受退休金。

二 农户住房条件基本情况

总体而言，村民对住房情况比较满意，71.6%的村民对其住房状况满意，不满意的仅占5.0%；83%的村民有一套住房，也有15%的村民有两套住房。有两套住房的一般是在农村有一套，在县城或者镇上购置了一套商品房。

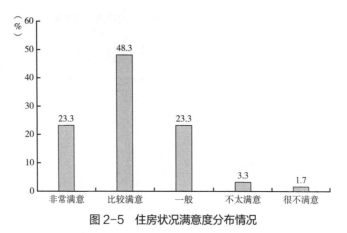

图 2-5　住房状况满意度分布情况

在住房类型上，95% 的村民是楼房，只有 5% 的村民还是平房，这些平房的农户一般是本村的经济贫困户。住房总体良好，占 96%，只有 1 户属于政府认定的危房。

在建筑面积上，以 120 平方米为主要的户型，建筑面积在 120 平方米以下（含 120 平方米）的累计百分比为 45.1%；建筑面积在 200 平方米以下（含 200 平方米）的为 90.2%，还有 10% 的农户建筑面积在 200 平方米以上，这主要属于村庄当中比较富裕的农户。

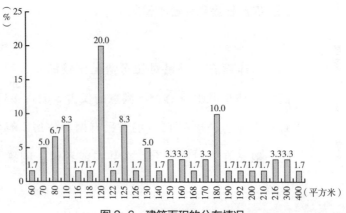

图 2-6　建筑面积的分布情况

三 农户收支结构、家庭财产与生活满意度

从农户的收支状况来看，农户的年平均毛收入为87905元，中位收入为60000元，也就是说大致有一半的农户收入高于60000元，还有一半的农户收入低于60000元；而如果考虑到支出状况，农户的平均净收入则只有42049元，有一半的农户净收入高于39500元，还有一半的农户年净收入不足39500元。

表2-5 农户的收入与支出状况

单位：元

		收入	支出	净收入	工资性收入	农业经营收入	非农经营收入
平均值		87905	45856	42049	12367	20850	52683
中位数		60000	22175	39500	0	15000	35000
最小值		10000	0	-102900	0	0	0
最大值		1050000	870000	230000	150000	150000	1000000
百分位数（P）	25	38500	15625	12350	0	7250	10250
	50	60000	22175	39500	0	15000	35000
	75	87500	45750	55000	0	20000	50000

从收入结构来看，总收入的平均值为87905元，而农业经营收入的平均值为20850元，这说明，农业收入占总收入的比重不到25%，农户的收入主要是非农经营收入，非农经营收入占比超过70%。

数据分析还展示了一个不太乐观的事实，那就是有18%的农户，收不抵支；20%左右的农户收支平衡，没有盈余，这些农户大致应该就是生活比较困难的群众。

在所有的支出类型当中，引人注目的是农户的人情支

出。农户每年平均的人情支出为4213元，而谈到有人情收入的仅有1户人家，其收入为20000元。总体而言，当地的人情支出是比较重的。

表2-6 人情支出的分布状况

单位：户，%

人情支出	频率	百分比	累积百分比	人情支出	频率	百分比	累积百分比
0	14	23.3	23.3	5000元	8	13.3	75
1	1	1.7	25	5500元	1	1.7	76.7
500元	5	8.3	33.3	6000元	1	1.7	78.3
600元	1	1.7	35	7000元	1	1.7	80
1000元	7	11.7	46.7	8000元	1	1.7	81.7
1200元	1	1.7	48.3	10000元	7	11.7	93.3
2000元	4	6.7	55	15000元	1	1.7	95
3000元	4	6.7	61.7	20000元	2	3.3	98.3

表2-7 农户支出的总体状况

单位：元

		食品支出	报销后医疗总支出	教育总支出	养老保险费	合作医疗保险费	礼金支出
平均值		14450	1868	5216	90	352	4213
中位数		10000	0	201	0	0	2000
最小值		0	0	0	0	0	0
最大值		40000	52000	60000	2000	6000	30000
百分位数（P）	25	7500	0	0	0	0	126
	50	10000	0	201	0	0	2000
	75	20000	450	5000	0	345	5375

在上面这样一种收支结构的约束下，农户的生活质量和生活满意度、幸福感、获得感如何呢？

总体而言，农户的生活满意度尚可，对生活满意的农户占比为45%，而不满意的仅占8.4%。这个分析结果告诉我们，需要进一步提高民众的获得感和生活质量、生活满意度。

与5年前相比，有67%的村民认为生活越来越好，也

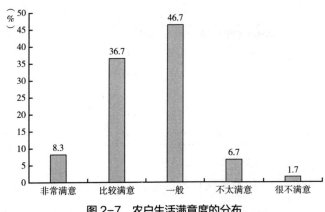

图 2-7　农户生活满意度的分布

就是说，与过去相比，农户还是觉得生活状态明显改善，这应该就是发展给农户带来的实惠；而展望未来，农户对未来的预期也是积极乐观的，有 54% 的农户认为，未来的生活会越来越好。这一点是非常重要的，如果有如此高比例的农户对未来充满信心，对未来充满期待，对生活充满希望，那么其奋斗的源泉就是不止的，乡村就是有希望的。

表 2-8　农户的生活满意度与生活预期的横向与纵向比较

单位：户，%

与 5 年前比，你家的生活变得怎么样				你觉得 5 年后，你家的生活会变得怎么样			
	频率	有效百分比	累积百分比		频率	有效百分比	累积百分比
好很多	10	16.7	16.7	好很多	5	8.5	8.5
好一些	30	50.0	66.7	好一些	27	45.8	54.2
差不多	16	26.7	93.3	差不多	21	35.6	89.8
差一些	2	3.3	96.7	差一些	1	1.7	91.5
差很多	2	3.3	100.0	差很多	5	8.5	100.0
总计	60	100.0		总计	59	100.0	
与多数亲朋好友比，你家过得怎么样				与本村多数人比，你家过得怎么样			
	频率	有效百分比	累积百分比		频率	有效百分比	累积百分比
好很多	2	3.3	3.3	好很多	1	1.7	1.7

与多数亲朋好友比，你家过得怎么样				与本村多数人比，你家过得怎么样			
好一些	21	35.0	38.3	好一些	21	35.0	36.7
差不多	26	43.3	81.7	差不多	29	48.3	85.0
差一些	8	13.3	95.0	差一些	7	11.7	96.7
差很多	3	5.0	100.0	差很多	2	3.3	100.0
总计	60	100.0		总计	60	100.0	

如果横向比较的话，大致有38%的农户认为其生活好于多数亲朋好友，也有37%左右的农户认为其生活好于本村多数人。

这样一种横向比较的优越感所占的比例，恰好与认为生活比较满意的农户所占的比例相当，大致都是40%。这说明，相比于其他农户，如果其生活状态具有优越感，他们更有可能对生活状况比较满意。

这些具有比较优越感的农户，应该大致就是村庄的上层。而对生活满意度一般的所占比例为47%左右，这应该大致就是村庄的中层，与亲朋好友相比差不多的比例大致是43%，与本村多数人相比觉得差不多的比例是48%左右。这三个比例相差不大，应该大致就是村庄中间阶层的状况。

村庄里的底层所占比例不大，大致占比18%，不如多数亲朋好友的占比约为18%，不如本村多数人的占比为15%，对生活不太满意的占比为7%左右。这应该主要是村庄中的弱势阶层或者底层所占比例。这个比例与横向比较认为变差的比例，与对未来展望比较悲观的农户所占比例都差不多。

图2-8　课题组与赤溪村村干部访谈

说明：本书照片均为张锦周拍摄，2017年6月。

图2-9　课题组入户访谈

图 2-10 课题组进行问卷调查

图 2-11 课题组进行问卷调查

图 2-12　课题组访谈村庄白茶产业发展状况

第三章

赤溪村"输血"扶贫历程
（1984~1993年）

赤溪村的深度贫困源于地理环境恶劣，农作物产量低且很难与外部市场关联，20世纪80年代以来，当地政府积极采取各种措施向赤溪村输入农业、教育、医疗等资源，在一定程度上改善了当地村民的生活状况，但输血式扶贫也面临后劲不足很快再度返贫的困境。

第一节　资源禀赋匮乏的赤溪村

20世纪50年代，哈里斯和缪尔达尔提出欠发达地区的经济发展与地理位置有关的早期空间经济学（Spatial

Economics），之后逐步演化为"空间贫困"（Spatial Poverty）理论和"贫困地理学"（The Geography of Poverty），贫困与地理空间的相关性也在中国经验上得到证实[①]。处于极为边远和自然条件极其恶劣地区的贫困人口，自身拥有的资产（土地）质量很低，贫困群体脆弱性强，返贫情况严重[②]。20世纪90年代中期，世界银行专家雅兰和瑞福林通过对中国1985~1990年南方4省份微观数据的回归分析，发现有比较充分的证据表明，由一系列指标合成的地理资本（geographic capital）对农村家庭消费增长有显著影响，是自然地理因素导致了"空间贫困陷阱"（Spatial Poverty Traps）[③]，随后，更多贫困问题研究专家将空间因素纳入贫困发生的分析体系，并概括了空间贫困的若干基本特征，如位置劣势（偏远与隔离），主要衡量指标有村庄到基础设施（如公路、卫生服务等）的距离和教育的可获得性（包括学校距离、成本）；如生态劣势（贫乏的农业生态与气候条件），主要衡量指标有土地的可利用性和质量，雨量线及其变化性（特别是在以灌溉农业为主的地方）；如经济劣势（脆弱的经济整合），主要衡量指标有与市场的连通性（包括自然连通——如到最近农资市场的距离和人为连通——如财政、进入市场的机会成

① 张晓旭、冯宗宪：《中国人均GDP的空间相关与地区收敛：1978—2003》，《经济学季刊》2008年第2期；陈全功、程蹊：《空间贫困理论视野下的民族地区扶贫问题》，《中南民族大学学报》（人文社会科学版）2011年第1期。

② 李小云、叶敬忠、张雪梅等：《中国农村贫困状况报告》，《中国农业大学学报》（社会科学版）2004年第1期。

③ Jalan J., Ravallion. M. Spatial Poverty Traps . The World Bank, Development Research Group , 1997 .

本）①。

20世纪80年代，宁德被国务院认定为全国18个集中连片贫困地区之一，全区9个县有6个被定为国家级贫困县，120个乡镇有52个被列为省级贫困乡镇。全区农民年人均纯收入不足160元，徘徊在温饱线上下的农村贫困户超过77万人，占当地农村总人口的三分之一。赤溪村是宁德典型的贫困村落，山陡，坡险，溪弯，地狭，村僻，人穷。该村14个自然村都散落在太姥山西麓崇山峻岭的僻壤旮旯里，九鲤溪和下山溪夹村环绕。20世纪80年代，出村唯一的路是盘踞山间的羊肠小道，往返路途最多达100里以上，要从村里去集镇，只有徒步崎岖山路，村民所需要的生产和生活物资，全部依赖肩挑手提，人员和货物的进出都非常艰难。该村仅有500余亩不肥沃的水田种植稻谷，收获的稻谷大多数用于缴纳公粮和统购粮，唯靠人均0.5亩的贫瘠农地种番薯当主粮，三分之一的人家还得挖野菜充饥。山下自然村的群众虽有一些传统副业，但限于交通不便，信息闭塞，只能搞些竹筏运输柴片，做一些毛竹加工品，售卖以补贴家用。

下山溪是赤溪村地理环境最恶劣、生活条件最艰苦的自然村。下山溪是个挂在半山腰的畲族村寨，下山溪的18户村民散居在6处山旮旯，分别是岗尾、羊头坑、石壁头、水井面、大墘下、樟臭弯，从这些地名就可以看出村民居住条件十分恶劣：房屋紧贴在山崖边上，只闻悬崖下

---

① 陈全功、程蹊：《空间贫困理论视野下的民族地区扶贫问题》，《中南民族大学学报》（人文社会科学版）2011年第1期。

的溪流声却不见其形。有一首民谣这样唱道:"昔日穷村下山溪,山高路险足迹稀。早出挑柴换油盐,晚归家门日落西。"传统时期,村民定居在高山上,很多时候是为了避让各种外部风险。村民以切断外界的交流为代价来减少外界的风险,如住得高一点以防止涝灾,又如利用大山为屏障躲避战争和匪患的侵袭。高山上的村民具有纯粹的自然经济特点,与世隔绝,自给自足。高山上的村民规避了许多外界风险,也失去了许多外界的资源,其中影响较大的是婚姻资源,由于山高路远带来的交通不便和信息闭塞,高山上的村民在对象选择方面常常左右为难。以前传宗接代观念导致的重男轻女思想使男女比例非常不平衡,女性成为婚姻资源中的稀缺资源,这在高山村体现得更为明显,许多男性成为光棍。高山村往往要以许多非常规的婚姻形式来弥补婚姻资源的不足,如换亲("扁担亲")、入赘乃至近亲结婚。高山的居住模式体现的是自然经济,讲求自给自足,而市场化体现的是市场经济,讲求交换与分工。高山的居住模式与市场化之间有着较大的张力。

村民首先感受到货币与非货币之间的张力。传统的高山居住模式并不热衷于追逐货币,高山上的村民追求风险最小化的生活而非利益最大化的生活。传统村庄的消费方式是非货币化的,农民的生产和消费并不投入市场,其通过自给自足来获取各种生活必需品。而现在,农村生活的收入和消费已经货币化,生活货币化给村民带来了生计压力,很多生活用品都必须用货币去购买,尤其是教育市场化和医疗市场化之后,孩子读书和家人看病是多数家庭必须面对的货币支出方面的压力。在市场经济条件下，市场参与率决定了人们的收入水平，是决定贫困率水平的直接原因，市场参与率主要由商品化率和劳动参与率来衡量[①]。商品化率和劳动参与率等指标来衡量商品化率是生产的总产品中用于在市场中出售获取现金收益的比例，劳动参与率是指劳动年龄人口在劳动力市场中从事有偿工作的程度和比例[②]。商品化率决定了农村居民所拥有的资源和产出能否转化为现实的收入，只有将资源和产出转化为市场所需要的商品才能带来收益[③]，而工资性收入是农民收入增加的重要来源，也是推动区域差距缩小的主要动力[④]。

　　高山村难以为村民提供足够的货币化支持。高山村土地贫瘠，作物产出在大多数情况下不如山下的一半，而且山上土地也不如山下土地平整广阔，农业方面，高山村很难将收获转化为货币。高山村由于山高路远，也束缚了打工经济的发展，村民出行尤其是就近打工很不便利，劳务信息的获取也受限制。村民们住在破烂不堪的木瓦房，或是每年必须翻修的茅草房，遇上狂风掀翻，一家人便无处躲身。户与户之间坡壁陡立，石墙高砌，往来艰难，有的甚至要走5里长的羊肠小道。村民们吃的有的是一半番薯

---

① 郭志仪、祝伟：《我国山区少数民族贫困成因的框架分析——基于市场参与率的视角》，《中南民族大学学报》（人文社会科学版）2009 年第 5 期。
② 蔡昉、王美艳：《中国城镇劳动参与率的变化及其政策含义》，《中国社会科学》2004 年第 4 期。
③ 郭志仪、祝伟：《我国山区少数民族贫困成因的框架分析——基于市场参与率的视角》，《中南民族大学学报》（人文社会科学版）2009 年第 5 期。
④ 彭国华：《中国地区收入差距、全要素生产率及其收敛分析》，《经济研究》2005 年第 9 期；孙慧钧：《我国农村区域间收入差距构成的实证分析》，《统计研究》2007 年第 11 期。

丝一半野菜混着煮，有的则全部是野菜。白米饭与他们无缘，只有女人坐月子时才能吃上几顿白米饭。餐桌上，人们普遍用盐巴调开水当菜汤，有的户能买些腌的小带鱼、虾苗或带柳，有的户则靠采挖野笋腌制成菜，备食一年四季。肉类更是奢侈的食品，虽然有人家里自养着一两头猪，但由于泔水不足，猪仅靠野菜难长膘，一两年才能出栏卖到钱。卖猪钱可是全家的经济来源，是看病吃药的命脉，谁能舍得杀猪吃肉。

更为重要的是，不仅外在消费方式在改变，村民内在的消费观念也在改变，村民已经认同并主动追求货币化的消费。当今的农民已非斯科特（2001）所描述的那种追求最低生活保障而不追求利益最大化的"生存伦理"，随着物质生活水平的提高，中国从传统时代的"匮乏经济"进展到工业时代的"丰裕经济"，生活态度也逐渐从原来的"知足"变为"无餍求得"[①]。消费与享乐已经在整个社会确立了自己的合法性地位，城市中的消费文化被社会定义为"先进的""时尚的""有趣的"，原有的乡村生活方式被边缘化，逐渐为村民所抛弃，村庄内部的评价体系也随之发生变化，"有没有钱"成为评判一个人是否有"面子"的标准。

村民还面临交流与封闭之间的张力。山区农村与山下的沟通很不便利。首先因为路途远，其次因为路况差。道路是山区农村最急需的公共物品之一，但由于距离远，居

[①] 费孝通：《中国社会变迁的文化症结》，载《乡土中国》，上海人民出版社，2007。

住分散，道路建设成本太大，很难有财力支持修一条一两公里却只通往一户人家的道路。不仅道路，自来水、电等多种公共物品在山区村庄的供给难度都比平地村庄要大。基础公共设施的匮乏造成了山区人流和物流的不便，高山村民与外界交流时碰到了诸多困难，结婚对象问题是历来就有的传统压力，现在这种压力仍然存在。由于打工经济兴起，婚姻资源可以在全国范围内流动，山区农村在全国婚姻市场中处于底层，女性资源大量外流，进一步增加了当地男性的结婚压力。

随着市场的发展和国家公共服务体系的建立，村民更需要与外界加强联系，山高路远与对外交流形成了一对矛盾关系，如村民买日用品必须买好几个月的储存，否则临时要个打火机都找不到，如将化肥农药运上山要花几个小时，如外出打工尤其是到邻近村庄打零工很麻烦，如生了病很难及时到医疗机构医治，又如高山村的孩子去一趟中心小学要走一两个小时。恶劣的地理环境让医疗教育等民生公共物品供给困难。早期下山溪村里聘请邻村的民办教师沈朝连，每月十块钱报酬，只教到三年级，四年级的学生就要到赤溪完小续读。提起昔日上学的事情，村民李乃松仍然记忆犹新，他说："我念四年级时，早晨天蒙蒙亮就得赶走15里崎岖山路到赤溪上课，傍晚还得赶这么远路程回家。一路上野猫叫、猴子跳，我全然顾及不上，后来越想越害怕……"下山溪远离乡镇卫生院，缺医少药，村民一旦患上急病，轻则病上加病，重则听天由命。雷文进一家三兄弟，因为患病缺医少药，更没钱请医生，长兄病亡之后，两个弟弟也因病无法治疗，相继去世。下山溪村民小组组长李先如说："我们村里既无一分水田，也没大块农地，主粮番薯都是在石边岩角的斗笠丘和眉毛丘上种植的。唯一的经济收入是靠砍柴扛竹到山外的集市出售，半天砍竹，半天扛运，每百斤毛竹一元钱，单肩扛着百十来斤毛竹走在弯曲坎坷的山路上，比在平坦路里挑三百斤还吃力，起早摸黑才卖个块把钱。我就是靠这点收入攒了一点积蓄，23岁时娶了一门亲。贫穷夫妻多恩爱，一年后我的爱人雷菊花有了身孕。当我妻子分娩时，忽然出血不止，昏迷不醒，亲戚和邻居们跪地求神拜佛，祈祷母子平安。当大约3斤重的男婴无声坠地后，她却再也没有醒过来。大家放声号哭，呼天唤地，痛苦得很。当年要是村里有医有药，要是没有大山阻挡，要是距离卫生院近些，我爱人的生命就不会过早断送了！"

第二节　全国性扶贫攻坚的缘起

　　早在改革开放初期，福建省就高度重视发展农村生产和消除农村贫困，项南同志在担任福建省委书记期间，注重帮助老、少、边、穷地区的发展，提出大念"山海经""建设八个基地"，采取多种举措脱贫致富。改革开放初期的扶贫工作主要由民政部门负责，覆盖面较小，且主要是救济性。1984 年，《人民日报》头版刊登反映福建赤溪村下山溪畲族自然村群众贫困状况后，中共中央、国务院由此拉开了全国大规模、有组织扶贫攻坚的帷幕。1986 年 4 月，福建省委、省政府主要领导带领部分部门的领导，深入贫困县乡进行调查研究。当年 5 月，中共福建省委四届三次全委扩大会议专题讨论研究扶贫问题，作出了《关于加强老、少、边、穷贫困地区脱贫致富工作的决定》，扶贫工作过渡到由省委、省政府直接领导，各部门参加，大规模地进行，注重扶贫的经济开发属性。1987 年，福建省核定 17 个重点扶持贫困县，202 个重点扶持贫困乡。

1984 年，时任福鼎县委办公室副主任兼新闻科科长（报道组组长）的王绍据来到下山溪这个被深山老林湮没的村里，亲眼看到了村民们食不果腹、衣难遮体的艰难与窘迫，震撼不已，迅速写成《穷山村希望——实行特殊政策治穷致富》一文。王绍据描述了下山溪村的贫困状况并给出对策建议，一是"拥有一千二百多亩的山场，可以大力发展山羊，每户养几十只，这里就成了一个养羊基地，还可以把现有的灌木林逐步改变为杉木、柳杉等混交林；同时大量种植毛竹、棕树，做到长短结合，提高经济效益"。二是"实行一些特殊政策，例如，有关部门要舍得花一笔投资，帮助他们搞开发性生产或由有关单位提供资金、种苗，同他们直接联办羊场、林场"。三是"要创造条件帮助他们从外地引进人才、技术，并保送一些当地青少年到外地学文化、技术，然后回村领导生产"。四是"建议国家能减免粮食征购任务。在最好年景，下山溪全村平均每人占有几百斤粗粮。每年向国家交售之后，口粮往往发生困难"。王绍据将文章寄给《人民日报》编辑部，《人民日报》于1984年6月24日在头版刊登了这封来信，并配发了题为《关怀贫困地区》的评论员文章。"我国农村形势很好，生产显著增长，农民生活改善，大家都是看到了的。实事求是的思想原则要求我们同时看到另一方面，这就是农村尚有局部地区和少数贫困户，在生产、生活上还存在着相当大的困难，有一部分农民的温饱问题还没有得到解决。今天本报读者来信中反映的闽东一个贫困山村的情况，就是一个有代表性的例子……"

1984年9月29日，中共中央、国务院发出《关于帮助贫困地区尽快改变面貌的通知》："党的十一届三中全会以来，全国农村形势越来越好。但由于自然条件、工作基础和政策落实情况的差异，农村经济还存在发展不平衡的状况，特别是还有几千万人口的地区仍未摆脱贫困，群众的温饱问题尚未完全解决。其中绝大部分是山区，有的还是少数民族聚居和革命老根据地，有的是边远地区。解决好这些地区的问题，有重要的经济意义和政治意义。各级党委和政府必须高度重视，采取十分积极的态度和切实可行的措施，帮助这些地方的人民首先摆脱贫困，进而改变生产条件，提高生产能力，发展商品生产，赶上全国经济发展的步伐。"全国性的扶贫攻坚工作由此拉开序幕。

第三节 "输血式"扶贫模式

　　赤溪村的贫困，源于"村庄—国家—市场"资源互动链条的断裂，地势偏远的村庄自主产出经济资源能力弱小，同时难以进入市场以人力或物资换回货币，也较少得到国家公共资源的辐射。扶贫工作伊始，工作组想到的方法是直接向当地输入若干资源。1984年6月，刚上任的福鼎县委书记周义务就赤溪村贫困问题组织开展讨论，商定扶贫方案，并率领农业、粮食、林业、供销、畜牧、民政、老区等部门的负责人，带着救济金、大米、鱼、肉、衣服、棉被等物资，沿着崎岖的山路至下山溪。大家挨家挨户访贫问苦，根据每户人口多少，分别送去米、鱼、肉等物资。有几位上了年纪的村民，自出娘胎就没有吃过白米饭和鲜猪肉，当即激动得老泪纵横："白米饭，是媳妇们生孩子时才能尝上几天，我们男人哪有缘沾嘴啊！今天吃上啦，吃上啦！死也值得啦！"

　　1984年6月24日《人民日报》发表《关怀贫困地区》的评论员文章后，分管农业的副县长林立慈带领有关部门负责人，第二次进村"输血"。民政部门给家家户户送了一笔救济生活费，粮食部门再给每户一袋大米，畜牧部门免费送去了60多只山羊崽和50多只长毛兔种，林业部门免费送去了3000多株杉树苗、2000多株水果苗，农业和医药部门免费送去了药材种子，传授种植方法。

　　中共中央、国务院《关于帮助贫困地区尽快改变面貌的通知》下发后，福鼎县党政领导再次率领扶贫、粮食、教育、计生等有关部门负责人进山"把脉"。鉴于下山溪没有水田难产谷子，少量农地种番薯不能自给的实际，县长当场拍板表态，实施特殊政策，从当年夏季开始一律免交征购粮，免售加价粮，一定5年不变。第二年，赤溪行政村也享受到这一政策。有了这条特殊政策，村民们不用再拼死拼活地砍柴伐竹，卖钱买谷子向国家交公粮了，不用再以野菜充饥省下口粮向粮食部门交统购粮了。同时，鉴于全村人口逐年减少，单身汉不断增加，唯有五六个妇女具有生育能力的情况，县计生部门在当时十分严格的节育政策中网开一面，对有生育能力的男女青壮年，不强制结扎绝育手术。同时与妇联部门积极牵线搭桥，介绍山外姑娘嫁到村里来。针对这里民办校缺教师停办多年的状况，从邻村小溪聘请一位回乡知青，由县教育局负责培训，然后安排在村里担任民办教师，让8个适龄的孩子能够接受教育。为了解决村里缺医少药问题，还报送这位民办教师到县卫生部门培训，兼当赤脚医生，治疗一般的常见病。所有医药均由医疗单位赠送。

第四节 "输血式"扶贫的局限

相比当时大多数村庄尚处于资源提取阶段，赤溪村已经得到政府较多方面的资源输入和补助，不仅免于缴纳农业税，还在产业、教育、医疗等方面享有帮扶政策。但纯粹的"输血式"扶贫难以改变赤溪村"一方水土养不好一方人"的困苦境地。1994年，当王绍据再次来到下溪村时，仍旧从羊肠小道爬上，到村民屋中发现白米饭仍然与村民无缘，唯有番薯当主粮，腌咸笋当主菜，最好的菜也只是比食指宽些的咸带鱼干。

救济式和输血式扶贫，设立哪些项目以及项目资助方式和资金额度，是由政府部门以自上而下的形式决策的，这种决策机制往往不能很好地联结项目资源和村民脱贫实际，忽视了村庄和村民的本位需求，具体到赤溪村，"输血式"扶贫最大的缺憾在于轻视了地理环境与贫困之间的联系。虽然绝对的环境决定论不可取[①]，但地理环境仍是导致贫困发生的一个重要因素。恶劣的地理环境通过缺少生活必需品、生产力落后、自然资本折旧和人文环境失败四个层次递进，体制、环境和贫困之间循环作用[②]，地理因素不仅影响农村贫困发生率，也可能影响贫困持续性，处于恶劣地理环境的农户的返贫程度会显著上升[③]。由于下山溪村过于贫瘠，加上当年干旱少雨，种下的杉树苗不到一

[①]　杰弗瑞·萨克斯：《贫穷的终结：我们时代的经济可能性》，邹光译，世纪出版集团、上海人民出版社，2007。

[②]　曲玮、涂勤、牛叔文：《贫困与地理环境关系的相关研究述评》，《甘肃社会科学》2010年第1期。

[③]　李小云、叶敬忠、张雪梅等：《中国农村贫困状况报告》，《中国农业大学学报》（社会科学版）2004年第1期；庄天慧、张海霞、傅新红：《少数民族地区村级发展环境对贫困人口返贫的影响分析——基于四川、贵州、重庆少数民族地区67个村的调查》，《农业技术经济》2011年第2期；霍增辉、吴海涛、丁士军等：《村域地理环境对农户贫困持续性的影响——来自湖北农村的经验证据》，《中南财经政法大学学报》2016年第1期。

年即枯死一大半，存活下来的长不高，成不了材，一大批桃、李果树挤在眉毛丘、斗笠丘等狭窄农地上，虽能长出几粒果，但还没到收成，却让野猴子抢先偷摘了。山羊崽分散到各户饲养，由于山里茅草过于粗硬，啃吃后羊嘴巴普遍冒血泡，接着化脓溃烂，这60多只山羊崽没能长大。由于缺乏饲养技术，许多长毛兔不是患病死亡，就是被野狗叼个精光。村民种下一批适应性极强的根茎药材，原本有望收获到手，结果却被无情的野猪挖咬得惨不忍睹。"就是这种割我们脸和手的茅草，羊吃不了，吃了就得'烂嘴病''烂耳病'，树苗也一样，山地太薄不长根，年年种年年死。"前几年从邻村聘请的那位民办教师兼"赤脚医生"，由于报酬太低，收入过少，连对象都难以谈上，最终辞职跑到山外打工去了。"全年人均收入才120元，谁家姑娘肯嫁村里来？""自身骨头不长肉"，根本改变不了一穷二白的面貌。至1993年，全村农民人均纯收入还不足500元，部分已脱贫的畲族群众也由于自然灾害及后劲不足等原因很快再度贫困，畲族群众贫困面依然很广。据统计，1993年全村畲族贫困户仍有41户，占畲族总农户的31%。十年"输血"扶贫，收效甚微。

第四章

赤溪村"换血"扶贫历程
（1994~2003 年）

易地扶贫搬迁是实施精准扶贫、精准脱贫的有力抓手，是全面建成小康社会、跨越中等收入陷阱的关键举措。1994 年，赤溪村实施移民搬迁的"造福工程"，村民陆续从悬崖峭壁的茅草屋搬到了平地的砖瓦房，"一方水土养不好一方人"的状况得到极大改善。

第一节 "换血"与易地扶贫搬迁模式

中国的生态脆弱地区与贫困地区高度重合，生态环境退化和自然资源严重不足，造成一方水土不能养育一方人口。将这些地区的贫困人口搬迁出去，无疑是一种帮助他们脱贫的有效方式[①]。西方研究视域中，与"易地扶贫搬迁"相似的是"生态移民"（Ecological Migration）、"环境移民"（Environmental Migration），我国易地扶贫搬迁与西方概念既有密切联系又有本质区别，是一种具有中国特色、政府主导型的扶贫模式[②]。

宁德曾是全国 18 个集中连片贫困地区之一，曾被称为黄金海岸线上的"断裂带"。自 20 世纪 90 年代以来，宁德在全省率先实施"造福工程"易地扶贫搬迁项目，挪穷窝，拔穷根，一任接着一任干，一年接着一年抓。20 多年来，宁德全市累计建成或续建安置点 1000 多个，完成搬迁 35.6 万人，其中少数民族群众 5.5 万多人实现下山安家，占全国总数近六成的 2.5 万多名"连家船民"全部实现上岸定居，全市贫困人口从 77.5 万人下降到 14.5 万人，其中现行国定贫困线以下 11.32 万人，贫困面从 30% 下降到 4.26%，2015 年全市农民人均可支配收入达 1.24 万元，增幅连续 5 年位居福建全省前列。习近平总书记持续关注宁德扶贫工作并作出重要批示，时任国务院副总理的汪洋同志在宁德调研扶贫工作时高度赞誉易地扶贫搬迁成就，认为"宁德模式"是精准扶贫、精准脱贫的成功实践。

习近平同志指出，"消除贫困、改善民生、实现共同富裕，是社会主义的本质要求"。到任宁德地委书记后，

[①] 李培林、王晓毅：《移民、扶贫与生态文明建设——宁夏生态移民调研报告》，《宁夏社会科学》2013 年第 3 期。

[②] 王宏新、付雷、张文杰：《中国易地扶贫搬迁政策的演进特征——基于政策文本量化分析3》，《国家行政学院学报》2017 年第 3 期。

经过深入调查研究，习近平同志敏锐地提出，当时闽东的老百姓连温饱都成问题，区情、区力根本不具备跨越式发展、大规模开发的条件，应当把以解决广大人民群众吃饭穿衣住房问题为内容的"摆脱贫困"作为工作主线，并特别强调："考虑闽东的脱贫问题不能不考虑畲族问题。"在扶贫脱贫过程中，少数民族一个都不能少，一个都不能掉队，加速发展民族地区经济，是宁德民族工作的主要内容。30年来，宁德各级党委、政府高度重视扶贫工作，落实扶贫开发市、县、乡党政"一把手"负责制，将扶贫纳入经济社会发展规划同研究、同部署、同考核、同落实，矢志不渝，坚定不移，加快发展，通过造福工程对居住在"老、少、边"等生存发展环境恶劣地区的贫困群众实施移民搬迁，团结带领全市各族群众共同迈向小康社会，取得了显著成效，涌现出一批环境优美、设施完善、群众安居的美丽乡村，"一方水土养不好一方人"的状况得到极大改善。多年来宁德干群始终坚信：只有农村实现小康，特别是贫困地区和民族地区农村实现小康，才能真正全面建成小康社会。

住房宽敞，饮水安全，交通便利，环境卫生好等，都是广大贫困群众的基本需求。宁德根据新型城镇化发展布局和工业化、农业产业化、城乡发展一体化发展需要，引导"山民下山、船民上岸"，对边远偏僻、条件恶劣的村庄实施易地搬迁的造福工程，把群众集中安置在交通条件便利、基础设施完善、就业增收渠道多、生活环境好的中心村、集镇以及城郊接合部。宁德实施造福工程经历了"农村茅草房改造"、"连家船民上岸定居"和"整村搬迁集中安置"三个阶段，易地搬迁让群众远离地质灾害点，走出了深山大海，开阔了眼界，大大提高了困难群众脱贫致富的内生能力。

1988~1990年习近平同志任宁德地委书记期间，多次提及水电资源综合开发利用与畲族发展，主张"先有钱、先办电"。由于他的批示，1991年桑园水库电站项目得以立项动工建设，1993年因建电站，赤溪有了第一条可以通车的机耕土路。1994年8月下山溪22户88名畲族同胞被纳入全省第一批造福工程整村搬迁，1995年4月迁至赤溪中心村所在地长安新街。1995年5月26日桑园水库建成蓄水，这是福鼎历史上最大的扶贫项目，也是转变赤溪人民命运最关键的项目，电站建设期间赤溪村民务工增收，建成后赤溪村扶贫开发、脱贫致富步伐加快。从1994年开始，共有12个自然村350多户村民陆续通过造福工程搬迁至中心村，长安新街也随之不断延伸，如今赤溪中心村规模已达1520多人。大山里的畲族群众陆陆续续从破旧的茅草屋住进了宽敞明亮的砖瓦房，人均住房面积也从原先的8.5平方米提高到40平方米，彻底告别了穷山恶水。

第二节　赤溪村移民搬迁历程

赤溪村的贫困，直接原因是地理环境恶劣，而村民长期居住在封闭的环境，又在很大程度上塑造了村民封闭的心理。刘易斯提出了贫困文化论。贫困文化的表现是人们有一种强烈的宿命感、无助感和自卑感，他们目光短浅，没有远见卓识；他们视野狭窄，不能在广泛的社会文化背景中去认识他们的困难[①]。封闭的心理长期积淀后，就会形成落后的心态和一成不变的思维定式、价值取向，进而形成顽固的文化习俗（或生活习惯）、意识形态（或理念），即贫困文化，如因循保守、听天由命的人生观，安于现状、知足常乐的生活观，老守田园、安土重迁的乡土观，等等[②]。贫困文化有着强大的辐射和遗传力，它常常表现出一种内控自制的惯性运动，作用和影响社会生活各个方面，造成各种不同的社会效应[③]，产生了宿命论的意识，接受了被注定的状态，从而形成了自我保存的贫困链[④]。

　　赤溪村移民搬迁工程，最大的阻力在于村民的观念。下山溪村既没水又没土，"一方水土养不好一方人"。面对这种情况，时任赤溪村党支部书记的黄国来的想法是，从村里再修条接上水电站的砂石路，把分散的 14 个自然村集中起来。时任磻溪镇党委书记的许文贵则考虑，能不能把水电站移民搬迁的办法"移植"到赤溪？两人一碰撞，一个"搬"字脱口而出。于是，在"输血"无效的情况下，赤溪村准备整村搬迁，异地"造血"。搬迁

---

① 王兆萍：《贫困文化结构探论》，《求索》2007 年第 2 期；吴理财：《论贫困文化（上）》，《社会》2001 年第 8 期。

② 王兆萍：《贫困文化结构探论》，《求索》2007 年第 2 期。

③ 王铁林：《论认识主体与文化环境的相关效应》，《社会科学战线》1991 年第 2 期。

④ 吴理财：《论贫困文化（上）》，《社会》2001 年第 8 期。

的消息传到村民中间，好比油锅里滴入一滴水，立刻沸腾起来，议论声一浪高过一浪。"全村搬迁？怎么有可能呢？""到一个陌生的地方去，我们老的幼的都难适应呀！""下山干啥呀？天不是我们的天，地不是我们的地，死后都没地方埋呵！""祖宗三百年前就定居这里，我们过惯了山里生活，哪里都不想去！""命里有富自然富，命里属穷就得受。"还没搬迁就遇到反搬迁，县、镇、村三级领导合计商定"换血"先得换思想，要把老传统、老理念、宿命论彻底扭转过来，才能顺利开展搬迁工作。于是，干部们分头挨家挨户做思想工作。他们首先协商的对象是村民小组组长李先如。李先如说："我原本也不想搬，几百年几十年都这样过来了，苦就苦些吧！后来，村党支部书记到家找我谈心，戳到了我内心最疼处。我千辛万苦娶个老婆，好不容易盼个儿子刚出世，她就撒手而去了。要是能在交通方便的地方，不是窝在这山旮旯儿，她的生命也不会那样早消失……如果不响应政府号召搬迁，别说是大家生活过不好，还会有第二个、第三个女人像我的老婆一样悲惨！"李先如一番痛彻心扉的真心话，打动了许多村民。

"山里人在山里混，山中鸟吃山中虫。"砍柴伐竹度光阴，讨个老婆建家庭，生儿育女盼长大，长大以后养双亲。如此年复一年、代衍一代的贫困链，没有解开，村民们的思想就难以得到解放。无数事实证明，贫困地带经济社会变迁的艰巨性，不仅来自外在的阻力与困难，更多的在于生活在其中的人们，有着自身的精神束缚和心理上的障碍。就以下山溪村为例，他们一年到头真正花在开创性生产上的精力几乎为零，要么砍天然的杂木、毛竹，扛到山外出卖换油盐，买布料，要么养头猪，卖出后用于人情上的红白喜事。不少时间耗在游手好闲，或拎着火笼子过冬，或打牌猜拳消遣日子，或躺在门外晒太阳等着政府发救济物资，个别人甚至把救济的衣被用来换酒喝。毋庸置疑，这本身就是一种比贫困更令人伤神的悲哀。如果任其发展下去，则无法指望他们再寻找新的机会和开拓空间，也谈不上改变传统的生产和生活方式。因此，换个地方"造血"，首先必须先改变他们的老观念，即换血必先换思想，如果不以解放思想为先导，不激发他们来自内心的冲动与变革欲望，则任何的理想和愿望都难以付诸实施。不消除人们的精神贫困，就难以从根本上摆脱贫困落后的束缚。下山溪村民雷成皆，宁愿一人留山里，决不随着家人迁。经过村委会主任黄国来4次登门苦口婆心劝说，精诚所至，金石为开，最终做通老雷的思想工作，使其跟着家人一起搬迁了。

我国多数的移民安置，以有土安置模式为主[①]，这种从农到农的安置模式，需要迁入地提供一定的土地资源，很多地方土地承载能力有限，迁入人口很有可能进一步引起人地关系紧张。下山溪作为一个22户88人分散在六七个地方的自然村，要集中搬迁到8公里外的行政村所

① 李小云、叶敬忠、张雪梅等：《中国农村贫困状况报告》，《中国农业大学学报》（社会科学版）2004年第1期；刘坚：《新阶段扶贫开发的成就与挑战——中国农村扶贫开发纲要（2001–2010年）中期评估报告》，中国财政经济出版社，2006。

在地重建家园，这可不是件容易的事。村干部和村民有诸多疑问："宅基地征用怎么办？""基建新房的资金哪里来？""各户的搬迁如何补助？""搬迁到新居的生产用地在哪里？""村民思想有抵触怎么办？"一场由地区、县、镇、村、自然村五级干部参加的现场联席办公会适时举行。在这次现场办公会上，地区民政局局长表态，从全地区"造福工程"基金中给予支持。福鼎县领导表态，从县财政挤出一部分资金予以补助，要求老区、民政、民委、扶贫办等部门也安排一部分资金予以扶持。村委会主任提出，挪出最理想的场地建新村，还划出一片40亩溪滩地，让搬迁户种粮食，同时帮助开辟生产门路，让他们早日安居乐业。安置地那时还是一大片竹林、菜园和杂地，属于村里以杜姓为主的几大宗族族产，为了安置下山溪村这22户村民，时任赤溪村党支部书记的黄国来代表村两委和族长们谈判，他们最终答应以每亩2000元价格出让。

新房为两幢22户砖木结构的统一格式楼房（沿着规划线两侧各11户），盖房用的砂石、水泥、空心砖等建筑材料，钱全部由赤溪村两委和镇里在上级帮助下筹集，下山溪村民只从山上带下来80根木头，孩子们一并转入赤溪小学，就连老人们担心的坟地，镇里村里也考虑到了，坟墓可以迁到村后山里。后来，为了让山下的村民有偿让出建好房屋及生产用地，镇、村干部曾连续6个昼夜做思想动员工作。新房经过半年多时间就陆续落成，1995年5月4日，下山溪村村民全部搬进了新房。赤溪行政村所在地原来是没有街道的，只散居着90余户400多人。随着下山溪自然村22户88人加入，有规划地沿着15米宽的道路两侧整齐而对称地建设，逐渐形成了一条新街，以"长住久安"之意，命名为"长安新街"。镇、村领导有规划地将新街铺上水泥路面，显得平坦又硬实。两侧多为三层小楼，统一规格，一楼是店面，二、三层为住家，每单元均为3.8米幅宽、12~15米进深，彼此相接，不留间隔。畲汉两族，融洽相处，人气越来越旺。常住人口由原来散居的93户400多人剧增到现在的356户1580多人，占全村总人口的86%以上。半山、小溪、丘宅、东坪里4个纯畲族自然村和排头、溪东、旗杆里、赤溪坪等畲汉混居的自然村分三期陆陆续续搬迁出山、下山或移居。原来在赤溪散居的坑里弄、赤溪店、旗杆兜等小地方居住的汉族村民也纷纷聚居在长安新街两侧，甚至连杜家行政村南柄畲族自然村也搬迁至此。

赤溪村上游的桑园水电站于1989年进入前期准备，第三年获上级批准立项动工。投资规模1.3亿元，装机容量3.75万千瓦。为了施工需要，赤溪村兴修了一条通往磻溪镇的砂石公路。赤溪从此打开了山门，来往人们再也不用徒步攀登那近万级石阶长达12里的蛤蟆岭了。下山溪村村民搬下来的第二年，桑园水电站建成，赤溪村结束了无电的历史。电站落成供电，赤溪人祖祖辈辈以竹片、松香、煤油照明的历史也一去不复返了。

表 4-1　赤溪村易地搬迁扶贫历程

单位：户，人

年份	搬迁户数	搬迁人数	优惠政策
1994	22（下山溪）	88	党委、政府和社会各界人士共给予建房补助金约 32 万元
1995	28	124	村给予地基优惠，在各项费用上给予一定的照顾减免
1996	19	84	党委、政府每户补助 3500 元，村给予地基优惠；且在各项费用上给予一定的照顾减免
1997~2007	208	922	村给予地基优惠；且在各项费用上给予一定的照顾减免
2008	5	20	每人补助 2500 元
2011	11	43	每人补助 2500 元，其中计生户每户增加 2500 元；少数民族每人增加 600 元
2012	29	106	每户 1 万元或每人 3000 元，另对少数民族、计生户、五保户、低保户、贫困户给予 600~15000 元不等的补助金
2013	6	18	
2014	4	19	每户 1 万元或每人 3000 元，另对少数民族、老区基点村、计生户、五保户、低保户、贫困户给予 600~15000 元不等的补助金
2015	31	107	

第三节　移民搬迁的可持续发展问题

在新的环境中，移民搬迁农户面临着生计再构建与恢复的过程[1]。可持续生计理论（Sustainable Livelihood Theory）是扶贫搬迁中讨论的重点，涉及如何选择搬迁安置对象，如何规划建设搬迁安置地点，采取何种搬迁安置模式，如何进行土地综合利用、产业发展与扶持、就业创

---

[1]　李聪、柳玮、冯伟林等：《移民搬迁对农户生计策略的影响——基于陕南安康地区的调查》，《中国农村观察》2013 年第 6 期。

业扶持、资源开发等方面^①。在移民搬迁的实践过程中，部分地区由于户籍、耕地、就业等后续配套工作的不完善限制了搬迁后移民生计的可持续发展，有的移民搬迁并未从根本上对农民的生计给予扶持，反而很多农民由于种地来

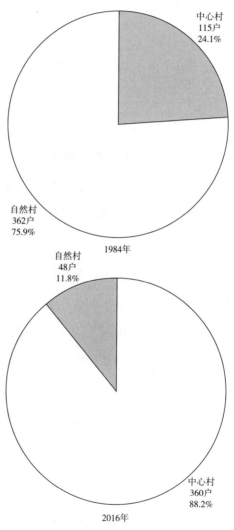

图 4-1　赤溪村中心村户数与自然村户数对比

① 高聪颖、吴文琦、贺东航:《扶贫搬迁安置区农民可持续生计问题研究》,《中共福建省委党校学报》2016 年第 9 期。

回奔波于搬迁点与原住所之间，提高了生活的成本[1]。搬迁之前，安置农民大多是生活在自然山村，常年以田间农业种植或者山间林地劳作为主，其所掌握的生存技能主要是简单的农业耕作、林木采伐等初级技术，对农业生产和山林劳作的生存依赖度较高，加上与外界相对隔绝，交往甚少，对于新技术、新成果的了解缺乏[2]。下山溪村移民搬迁"造福工程"由于赶时间，规划不周，建筑质量等方面也欠缺严格把关，22户家里均无化粪池，逼得老少到村外"打游击"。搬迁一月有余还未通电。孩子们入学的费用成了新的负担。另外，扶贫搬迁移民面临的是全新的生存环境，其传统文化必然随着迁移发生变化，对其自身和迁入地都将产生深刻的影响和冲击[3]。下山溪村畲族村民在搬迁后一段时间内，感觉风俗习惯、举止行为与主村人格格不入。

在扶贫搬迁安置工程实施过程中，被安置农民不可避免地会对搬迁安置前后的收入水平和生活状况进行横向或者纵向的比较，当前后变动小于期望值时，就会感觉受到了不公平的待遇，因而产生怨恨情绪，更严重的会产生挫败感、愤怒感，甚至产生破坏心理[4]。而且，部分村民政治人格尚未健全，在没有配套程序的情况下输入大量资源，只会激发部分村民对于权利的过度想象，同时理所当然地

① 李博、左停：《遭遇搬迁：精准扶贫视角下扶贫移民搬迁政策执行逻辑的探讨——以陕南王村为例》，《中国农业大学学报》（社会科学版）2016年第2期。
② 高聪颖、吴文琦、贺东航：《扶贫搬迁安置区农民可持续生计问题研究》，《中共福建省委党校学报》2016年第9期。
③ 杨甫旺：《异地扶贫搬迁与文化适应——以云南省永仁县异地扶贫搬迁移民为例》，《贵州民族研究》2008年第6期。
④ 高聪颖、吴文琦、贺东航：《扶贫搬迁安置区农民可持续生计问题研究》，《中共福建省委党校学报》2016年第9期。

缩小自己的义务，成为只讲权利而不讲义务的"无公德的个人"[①]越来越多，最终关于农村公共物品会形成一套古怪但又在现实中成立的逻辑链条——政府投入大量公共物品资源—农民形成依赖思想—更加依赖政府投入—政府需要投入更多资源，仅是投入资源而不同时塑造民主政治风气，政府最后会发现资源投入竟成了破坏村庄治理的负面力量，资源输入越多则民众"等靠要"的思想越发被"培养"起来。赤溪村在实施搬迁后，一些村民手头稍微宽裕，就产生了不良情绪，有的大手大脚、铺张浪费，有的求神拜佛、建宫修庙，有的聚众赌博、酗酒闹事，有的甚至挑起姓氏、宗族之间的矛盾，等等。几年间，赤溪村乱象百出。一个典型事例是：出生于赤溪村赤溪坪自然村的乡贤吴敬禧，早年曾在赤溪行政村担任过文书、会计，后来考干录取，调到霞浦县政府办工作，并负责该县杨家溪景区的旅游开发。而杨家溪风光旖旎的九鲤溪则在赤溪九鲤溪下游，能否实施联体互动？有心惦念家乡经济发展的吴敬禧，通过一位好友认识了万博华旅游公司董事长庄庆彬，他邀请庄庆彬到赤溪、湖里等考察。庄庆彬一看到赤溪的秀丽山水，就下决心投资赤溪村的旅游开发。由于赤溪村少数群众思想保守，观念陈旧，有的人只盯着眼前小利，在征地上借机漫天要价，地给你了，但你要挖土还得再给钱，搞基建，必须雇我施工……逼得庄庆彬放弃赤溪而转移到邻村乌杯开发户外拓展。

① 阎云翔：《私人生活的变革》，龚小夏译，上海书店出版社，2006。

第五章

赤溪村"造血"扶贫历程
（2003年至今）

精准扶贫精准脱贫事业需要久久为功持续发力，赤溪村经历"输血"和"换血"后，干部群众发扬自力更生的精神，因地制宜努力"造血"，开拓致富新路径，不断向全面建成小康继续努力。

第一节　精准扶贫与产业发展相结合

群众不仅要搬得出，还要稳得住，安下来，富起来。习近平同志指出，"闽东要想根本上脱贫致富，就必须走一条发展大农业的路子"。所谓大农业，就是"在农业上，'靠山吃山唱山歌，靠海吃海念海经'，稳住粮食，山海田一起抓，发展乡镇企业，农、林、牧、副、渔全面发展"。通过特色经营，赤溪村干部群众把"山海经"念得有声有色。经过干群30余年的奋斗，赤溪村"大农业"的路子越走越宽广，不断推进农业科技进步，提高农业综合生产能力，走出了一条彰显闽东特色的新型农业现代化发展路子，优化农业产业结构，转变农业增长方式，做强茶叶、食用菌等产业；坚持因地制宜，发挥优势，科技引领，市场引导，创新机制，增强活力，环境友好，持续发展；突出抓好机制创新、科技推广、市场引导、教育培训、典型示范等重点工作。

产业扶贫需要预防的是外来工商资本的利益俘获问题，即扶贫资源被一些非本村村民身份的经营主体不合理、不公平地占据，难以瞄准需要扶助的对象并施以有效的脱贫措施[1]。一些地方政府安排农业扶贫项目时，偏向大型农场式经营，以行政化方式推动的大规模土地流转替代民间自发的中小规模土地流转，鼓励工商资本下乡进入农业环节，引导项目资源与公司企业式大户对接，忽略回应中小规模农户的农业公共服务需求[2]。行政力量加资本力量主导的大规模农业经营，在经济效益和抗风险能力方面常常不如中小农[3]，同时又

----

① 邢成举、李小云：《精英俘获与财政扶贫项目目标偏离的研究》，《中国行政管理》2013年第9期；刘升：《精英俘获与扶贫资源资本化研究——基于河北南村的个案研究》，《南京农业大学学报》（社会科学版）2015年第5期。

② 龚为纲：《项目制与粮食生产的外部性治理》，《开放时代》2015年第2期。

③ 王德福、桂华：《大规模农地流转的经济与社会后果分析——基于皖南林村的考察》，《华南农业大学学报》（社会科学版）2011年第2期。

挤占了中小农的利益空间，更有甚者，有些主体承接项目后并不真正从事生产经营，而仅仅为了套取政府资金。

赤溪村的实践证明，产业扶贫需要和嵌入村庄社区的本土村民对接，他们的经济生产、社会关系和文化价值都在村庄内部生成并循环。以白茶产业为例，赤溪村以基础设施投入为股本，与多家企业合作，建设畲村白茶体验馆，销售赤溪纪念茶，目前销售额达 500 多万元。村民们通过参与经营分红和务工增收，年收入在 10 万元以上的家庭近 180 户，占全村的 44%。1990 年出生的杜赢，是土生土长的赤溪人，他毕业于广西玉林师范学院，原本可以就地应聘教师，但他放弃了在城里就业的机会，毅然偕同学及女朋友陈春平回到村里。他看到村民们几乎每家都种植茶叶，却没有一家像样的加工厂，只卖茶青，附加价值体现不了，头春茶青可以卖个好价钱，到了二三春，茶青价钱还不够采茶工夫钱，直接影响到茶农经济收入。于是，他承接了自己父亲办的一家小茶厂，决心把它做大做强。杜赢注册了自己的公司，创建了"尚亦溪"品牌，通过互联网线上线下结合搞销售，"第一桶金"就赚到了 10 万元。村党支部把杜赢作为"造血"的好苗子培养，村书记一有空就到他的公司看看问问，热忱帮助他解决具体问题。恰逢国家对大学生创业实施好政策，杜赢每月可领取 300 元的生活补助，获得一次性开业补助 3000 元，享受免税 3 年，3 年内每年可获得场地租金补助 6000 元。福鼎市人力资源和社会保障局两年给予杜赢创业基金 12 万元，贴息贷款 10 万元。 杜赢为了扩大加工场地，还需从中国农业银行低息贷款 10 万元，村总支书记杜家住二话不说为他做了担保，还同村委会主任吴仪国及时商定挤出 400 平方米场地让杜赢如愿以偿扩办加工厂。杜赢的梦想，在利好政策扶助下逐步实现。如今，像杜赢一样依托政策支持回乡创业就业的大中专毕业生已有 30 多人。他们带着泥土味去城市读书学知识、学本事，回来后则把知识的种子撒在希望的田野上，让村民们有了看得见、摸得着的实惠。他们勇于同旧传统决裂，敢于打破旧有的产业发展模式，探索新时代的"电商扶贫"，让村民们有了实实在在的获得感。2016 年初，杜赢再次扩大生产，除了添置自动烘干机等中高端设备，还在镇村的支持下，流转了 400 多平方米的土地，建起了标准化新厂房，产品也顺利通过了QS 质量认证。通过基地合作建设与部分村民形成经营共同体，公司运营 30 多亩的生态茶园基地、600 多平方米白茶体验园，带动一批乡亲共同致富 [①]。

除了白茶产业，村里的食用菌产业也蒸蒸日上。前几年黄中和从上海返回家乡赤溪，与村里另外两个伙伴一起成立了合作社，准备发展食用菌项目。摆在面前的第一道难题，是缺地。赤溪村党总支书记杜家住与黄中和、其他村民们反复商量，终于讨论出了一个大家都愿接受的方案：村委会代表合作社从村民手中流转 10 亩地，投资建成食用菌大棚，再将大棚租给合作社，每年租金 8 万元。合作

① 王国萍、吴旭涛、雷顺号：《用信念点亮致富征程》，《福建日报》2017 年 2月 19 日。

社请来技术人员应用新式种植法，再以每人每天 150 元的工资雇请村民，一道参与食用菌项目建设。黄中和说："目前效益非常好！每个月出产三期，每期 8000 多斤。我们这里生态环境好，产品质量有保障，不用出闽东，周边两个县就能销售一空。每斤平均售价 5 元，比以往村里各家各户自己种的高出一倍。"①

第二节 精准扶贫与生态旅游相结合

"绿水青山就是金山银山。"1988 年 8 月，习近平同志在考察福鼎后，曾留下一段话："抓山也能致富，把山管住，坚持 10 年、15 年、20 年，我们的山上就是'银行'了。"而今，这份根据讲话录音整理的《福鼎通讯》复印件，摆放在赤溪村村史展示室。发展休闲农业与乡村旅游是促进农业增效和农民就业增收的新途径、推进美丽乡村建设和统筹城乡发展的新引擎、丰富旅游资源和提高居民幸福指数的新平台。赤溪村旅游资源丰富，拥有各类旅游资源单体 35 个，是太姥山风景名胜区的重要组成部分，主要分布有九鲤溪水域风光带、下山溪河段峡谷型水域风光带以及杜家堡古民居群和田园自然风光等旅游资

① 赵鹏：《走绿色发展、生态富民之路——赤溪村人的新追求》，《人民日报》2017 年 9 月 14 日。

源，形成了以九鲤溪、下山溪为纽带，以畲族文化和扶贫工作为特色的旅游资源布局，具有较高的旅游开发价值。

赤溪发源于柘荣县乍洋第一尖峰山下的"七都溪"，上游有溪口、菁坑溪流到达乌杯，汇入赤溪。又九鲤溪流注至赤溪、梨溪，进入霞浦杨家溪、渡头、田古后，到牙城入海。赤溪与五蒲、蒋洋、九鲤、金谷、溪口等地居于太姥山西南部，两岸群峰耸秀，延绵缭绕。在交通不发达的古代，此间以山岭为道，共有两条古岭可走，一条是赤溪逾岭达蒋洋，山高险峻，历为闽浙通衢，行旅络绎不绝。另一条则往西北，山路崎岖，攀葛扪藤而上，到达吴洋、菁坑、庄边、仙蒲等村落。赤溪是水流交汇之处，地理位置显要。《福鼎县乡土志》载："溪流甚大，与霞浦划水为界，行筏可达牙城海。"据《宁德两大赤溪村古往今来》一文介绍，赤溪渡最迟形成于明清之际，是福鼎、霞浦两地水上交通要道。渡口水面宽约 60 米，置竹排一张，渡工一人，日客流量达 80 多人次。当时，赤溪渡是福鼎的唯一筏渡。山区水乡乌杯、九鲤等地盛产竹、柴、炭、谷物，经赤溪渡，坐竹排可达牙城码头上船，运往闽浙出售。嵛山、三沙沿海的鱼鲜，经竹排逆水而上，运到赤溪，供应山区生活所需。可见竹排在赤溪交通的重要作用，有民谣这样唱："漆溪竹排几百张，人工撑排最高强。把篙像箭飘飘走，一漂就到渡头洋。"意思是说，赤溪人都是行排高手，一篙在手，玩转山川，撑起全部的生活。赤溪人杜琨写有《九鲤溪》诗："一篙电掣庆脱险，怒沫千点成漩涡。平川既决澄江静，水天一色明秋河。"这里描绘了山区水乡的溪流景象，尤其是竹排在漂流过程中的壮观景致。赤溪村位于杨家溪上游、九鲤溪溪畔，赤溪境内原来有旧街道，设有商铺、手工作坊数家。

随着周边旅游业的发展，赤溪村村民眼界打开了，观念也转变了。在村干部和村民们下决心选择生态旅游立村之后，庄庆彬等的旅游公司重新回来了。从 2005 年开始，立足生态，依托太姥山景区，利用九鲤溪旅游资源，赤溪村先后引进万博华、枫林园艺、耕乐源等旅游公司及专业合作组织，投入 7800 多万元进行畲族特色旅游景点开发建设，致力于发展景区依托型乡村旅游，现已开发竹筏漂流、峡谷运动乐园、真人 CS 野战基地、露营野趣等旅游项目，挖掘乡村古道、杜家古堡、田园风光等乡村特色游，打造蝴蝶坪、"七彩农场"、珍稀苗木花卉观赏、名优果蔬采摘、水乡渔村观光体验以及采茶、挖春笋农事劳动体验等系列农业观光体验游产品，发展农业观光体验游。

乡村旅游开发需要交通等基础设施全面提升。2010~2012 年，政府对通城关公路进行改造提升，使赤溪至国省道时间从 2 小时缩至 1 小时；为加快赤溪融入太姥山大景区，对赤溪村连接太姥山景区的近 10 公里旅游公路进行改线，新建龙亭至杜家段 3.62 公里，改造杜家至赤溪段 6 公里，从而打通连接太姥山景区的"最后一公里"；2013 年 11 月在宁德市委的重视支持下，启动了杨家溪风景区至赤溪村的旅游公路建设，已建成通车的杨赤路，使赤溪村至高速公路的时间缩短为 20 分钟，从而实现"太姥山—赤溪—杨家溪"旅游融合发展。同时，通过省级扶贫整村推进帮扶、部门挂点、专项资金扶持，赤溪村的基础配套设施不断完善，目前赤溪村已完成水利部小流域治理项目，新建环村两条溪的防洪堤与沿溪景观带及村内水系改造，实现环村路堤结合的绿道、慢道，如今赤溪村"村在景中、景在村中、缘山近水"的美丽景观更加突出。依托省民宗厅挂钩帮扶整村推进扶贫开发及被列为全国少数民族特色村寨保护与发展试点村的机遇，赤溪村实施村庄立面改造、畲族风情购物街、绿化美化及畲乡山水木屋维修等项目，致力打造闽东畲族特色村寨。此外，随着旅游企业进入，景区还建成三个停车场、两座游客服务中心、三座生态休闲山庄和旅游公共厕所等旅游服务设施。赤溪村正立足新定位，完善提升景区及旅游相关配套设施，抓紧融入宁德大旅游格局。

旅游业的发展带动了农家餐馆、农家住宿、旅游产品、劳务服务、山地农业等延伸产业发展，拓宽了村民的增收路子，村民稳定增收的造血功能不断增强，村民直接或间接从旅游业中受益。2015年旅游业稳定就业人员180人，工资性收入576万元，另有临时雇工，旺季时达400多人，工资提高至每天130~150元。现有特产店（含小吃店）36家、农家乐12家，住宿床位400多个。依托旅游带动，赤溪村2016年上半年农民人均纯收入达到13649元，人均从旅游相关产业获得可支配收入约6047元，占44.3%。此外，赤溪村还引进了"品品香"、忠和食品等农业龙头企业落户建设基地，流转全村1070亩耕地，群众既可收取每年每亩500元的"地租"，又可以通过在公司、合作社务工增加收入。同时在旅游业的带动下，村里还成立了赤溪生态产业发展有限公司来盘活村集体资产，以外包鱼塘、出租土地、土地入股旅游企业和村基础设施投入合作收取公共服务费用等形式，增强村集体经济造血功能。

表5-1　2016年上半年赤溪村旅游统计数据

指标名称	计量单位	本年累计	上年同期
一、常住人口	人	1368	1330
其中：贫困人口	人	7	21
二、劳动力转移就业	人	80	50
其中：旅游从业人员	人	40	25
三、贫困人口转移就业	人	1	10
其中：旅游从业人员	人	0	50
四、脱贫人数	人	14	87
其中：旅游扶贫脱贫人数	人	10	50
五、乡村旅游接待能力	—	—	—
（一）乡村旅游经营场所数量	个	13	10
其中：覆盖免费WiFi场所数量	个		0
（二）旅游从业人员	人	550	420
其中：接受过初中及以上教育	人	220	200
（三）餐位数	个	1000	900
（四）床位数	个	400	400
六、全村发展情况	—	—	—
（一）人均可支配收入	元/年	13649	11674
其中：旅游从业人员人均可支配收入	元/年	4777	4080
（二）贫困人口人均可支配收入	元/年	3060	3100
其中：贫困人口旅游从业人员人均可支配收入	元/年	800	1000
（三）有线电视入户率	%	100	100
（四）移动电话普及率	%	100	100

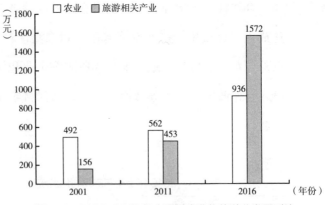

图 5-1　2001~2016 年赤溪村农业与旅游业发展对比

第三节　精准扶贫与民生改善相结合

一　精准帮扶和托底

赤溪村组织人员进行"地毯式"的入户走访、摸底调查、村民意见征求，确保精准扶贫"花"落贫困户。在建档立卡环节，通过积极入户走访，对全村 408 户家庭的人口、劳动力、收入结构、收入情况、劳动技能经验及就业愿望等进行登记造册、建档立卡。针对在村子里的 289 户（长期外出 119 户），整理出小康户（人均年收入达 1.5 万元）117 户，一般户（人均年收入达 8000 元以上）114 户，相对低收入户 56 户（人均年收入低于 8000 元，其中贫困人口 2 户 3 人）；按照收入来源构成，又分为自主创业、务工为主和农业为主等三类家庭。

精准识别之后，赤溪村按照"六到村六到户"精准帮扶要求，按照"一户一策、缺啥补啥"的方式制定帮扶措施，进行分类指导，精准帮扶，确保小康户提升巩固并发挥示范带动作用，一般户加快发展，困难户得到有效保障。重点对56户135人相对低收入户进行重点帮扶，落实责任，跟踪服务。安排干部挂钩帮扶相对低收入户，帮助他们制定发展规划，解决发展中遇到的难题，切实帮助缓慢户加快发展步伐，提高收入，向小康户靠拢。针对每户村民的劳动力状况，量身定制合适的生产发展项目，对具有创业需求的村民积极联系农行、农信等金融单位，争取资金扶助；对身体状况较差的贫困对象，安排打扫卫生等轻体力工作；对无劳动能力的贫困对象，实施兜底保障，并积极提供村企对接平台。

二 改善生活公共设施

自2012年起，赤溪村投入65万元对30户村民实施造福搬迁，投入75万元实施村安全饮水工程，2014年又投入30万元进行自来水二期扩容改造。2013年投入230万元建设赤溪小学孝茂楼。近年来陆续建成并完善村便民中心、农家书屋、妇女中心、青年中心、老人活动中心等民生项目。投入70万元完成进村路灯及村内主干道路灯景观建设，对中心村的所有电力、电缆线路全部实施落地改造，兴建多个便民金融网点，提供便捷金融服务。配套、配齐相关生活设施，改善村民生活条件，提高村民幸福指数。

村民们最关注的是赤溪小学的提升。1996年，香港沈炳麟先生捐助16万元兴建"恩美楼"，彻底改造了原来破败不堪的旧校舍。2010年，通过省民族与宗教事务厅挂职干部牵线搭桥，内蒙古凯业实业有限公司董事长王孝茂捐助150万元，扩建了560平方米现代化教学楼，硬化了操场，铺设了塑胶跑道，还增添了各种体育设施。福建省诚信促进会会长潘心城一行专程赠送15台电脑，使学校有了电脑室、多媒体讲堂。福鼎市委宣传部、团市委本部帮助建立了校园图书馆、阅览室、美术室、科学实验室，功能齐全。在如今农村校普遍萎缩的状况下，赤溪小学却是欣欣向荣。全校拥有一至六年级学生100多人（其中畲族学生近一半），教师10多人，教学质量不断提高。2012年赤溪小学被宁德市教育局评为"农村义务教育标准化学校"。杜承砚校长不无自豪地说，我们是全镇唯一获此殊荣的农村校。多位畲族村民闲聊时都说："我们之所以搬迁到这里，就是冲着这所学校来的。老一辈穷透了，我们这一辈穷怕了，决不可让下一代再穷下去了！"

三　改进医疗卫生

从2011年起，宁德在全省率先实施农村医疗的"海云工程"。该工程以数字化低成本健康手段，将医疗保障体系覆盖到村卫生所，配合必要的基本治疗和康复设备实现了医改结实和建真、建活全民健康档案的要求，尤其是为乡村医生的人才培养和管理提供了一套可行的技术方案。赤溪村优先享受到这一待遇，村卫生所有了一台现代化的检查仪，可检查 10 多种疾病，能承担基本公共医疗服务，对心脏病等一些重大疾病亦可通过远程指导，请求城里医师帮助诊断医疗。这样，村民们几乎做到常见病不出村，既省钱又省工，有效防止了因病致贫返贫。

第四节　精准扶贫与移风易俗相结合

全面建成小康社会需要物质与精神的统一。贫穷不是社会主义，而只有物质的畸形发展同样不是社会主义。习近平同志指出，真正的社会主义不能仅仅理解为高度发展的生产力，还必须有高度发展的精神文明，"一方面要让人民过上比较富足的生活，另一方面要提高人民的思想道德水平和科学文化水平，这才是真正意义上的脱贫致富"。有的群众受益于扶贫政策经济收入日益增加，却由于攀比炫富、大操大办、打牌赌博、参与迷信等迅速致贫返贫。既要富口袋还要富脑袋，乡风文明是生活富裕持续长久的基础，推进贫困地区物质脱贫致富的同时加强精神文明建设，才能顺利实现"仓廪实""衣食足"与"知礼节""知荣辱"的衔接。赤溪村干部群众头脑清醒，主动作为，先想干事，能干事，然后干好事，干成事，坚决破除"穷自在"、"等、靠、要"、怨天尤人等懈怠思想，心往一处想，智往一处谋，劲往一处使，团结一致走向富裕。赤溪村干群抛弃"要我脱贫"的被动想法，确立"我要脱贫"的积极观念，以时不我待的担当精神，顽强拼搏奋斗，创新发展思路，用十年"输血"就地扶贫、十年"换血"搬迁扶贫、十年"造血""旅游＋产业"扶贫，因地制宜，精准发力，终于走上了脱贫致富的小康路。赤溪村扶贫经验证明，只要有决心，有办法，再难啃的脱贫"硬骨头"也终将被攻克。

赤溪村持续推动移风易俗，树立乡风文明新风尚。针对村庄环境脏、乱、差，族群邻里不和，打架斗殴，赌博等问题，赤溪村召开村民代表大会，党员大会充分发动，分片包干，并在村 LED 显示屏广为宣传，定期组织卫生清理，逐步督促群众养成卫生习惯；组织妇女们组成"反赌联盟"，德高望重的长辈们成立劝导队，设立警务室，派民警驻村巡查，加大对聚众参赌人员查处力度，狠刹住边界赌博的歪风；又与福鼎市人民法院开展"无讼村居"示范点建设，对群众之间的矛盾纠纷、群众与旅游公司之间的矛盾及时掌握，及时化解；积极完善人民会场、农家书屋、农民健身工程等文化设施，并通过开展丰富多彩的文体活动（畲族歌会、微演义等），引导村民弘扬践行文明礼貌、尊老爱幼、民族团结等先进思想观念和良好道德风尚，并将具体规范写入村规民约，凝聚发展正能量。

例如，村里有个 20 岁出头的年轻小伙子，身强力壮，很勤劳，起早摸黑干农活，什么苦都能吃，依靠劳动发了家，摆脱了贫困，还攒了一笔钱准备娶媳妇。没想到两年之后，他感觉到手脚乏力，走路难支，渐渐面黄肌瘦，入夜难眠。有一个深夜，他刚迷迷糊糊入睡，忽见一头水牛朝着他的腹部顶来，疼痛难忍，他吓出一身冷汗惊醒，原来是噩梦一场。接连三几个晚上的梦魇，让他精神恍惚，言语错乱。父母亲赶紧跑去求神问卦。据"跳神"指点迷津：得罪了牛魔王，需做三天三夜法事敬神才能保住平安。他的父亲打听到邻县有个能"驱神赶鬼"的赤脚大仙，不惜花重金邀请到家做了三天三夜法事，各种花费六七千元仍不见好转，腹痛更加厉害。为了治儿子的病，父母竟动用了娶媳妇的钱，发动亲友分头到寺庙烧香拜佛，祈祷佛祖保佑。其结果，钱花光了，病情却越发严重。后来，村干部得知此事，带着一位村医上门诊断，经过详细过问病情，终于水落石出：这个憨厚老实的小伙子，凭着年轻力壮不知疲倦，经常没吃饭就下地干活，挨到饿得受不了才回来饱吃一餐，撑到肚子胀痛才肯罢休。如此饮食不节，闹出严重胃病。梦牛顶腹是由于这个年轻人有一天下田犁地时，没喂过饲料的老牛消极怠工。他忍不住使劲抽它一顿，没想到这牛掉转头来狠狠地盯他一眼。蓦地，他心里咯噔一下，一股莫名的歉疚感涌上心头，从此快快不乐……梦中被牛顶撞的病根找到了。他被送到镇卫生院作胃镜检查的报告出来了——胃溃疡。医生对症下药治疗，加上本人遵照医嘱注意科学饮食，没半年胃病痊愈了，他又生龙活虎地干活了。通过这件事，村民们深刻地体会到，迷信神鬼害人，治穷还得治愚根。

第五节　精准扶贫与基层组织建设相结合

扶贫开发是一项具有特殊意义的群众工作。习近平同志指出，摆脱贫困最根本的只有两条：一是党的领导，二是人民群众的力量。"无论是从发挥党的领导作用，还是从调动群众积极性这两方面说，都要求我们的各级干部始终同广大人民群众保持密切的血肉联系。"宁德自1988年以来率先开展干部"四下基层"，派出"扶贫工作队"，推行"领导包村、干部包户"，选派干部蹲点帮扶，对贫困对象逐一建档立卡，动态管理，不脱贫不脱钩。信访接待下基层、现场办公下基层、调查研究下基层、宣传党的方针政策下基层的"四下基层"优良传统，宁德已坚持多年。各级干部在下基层中发现问题，解决矛盾；在下基层中梳理思路，谋求发展；在下基层中听群众心声，向群众取经。近年宁德又率先实行"每月无会周"，其间各级干部共万名驻村"三昼夜"，与群众同吃、同住、同劳动，给他们送观念、送点子、送资金、送项目，打通联系和服务群众的"最后一公里"。宁德各级干部在扶贫开发工作中，既把党和政府的深切关怀、深厚感情传递给贫困群众，又尊重群众意愿，避免脱离实际，在与贫困群众一块苦、一块过、一块干中不断密切党群干群关系。

一　赤溪村强化自身建设，着力发挥扶贫领导核心作用

赤溪村选优配强村两委班子，并从省、市先后下派2位驻村第一书记及选派2名优秀大学生村官到村工作，提升村两委整体水平，增强班子找政策、拉项目、引资金的能力。村党支部始终坚持党的群众路线及"马上就办"等优良作风，着力推行"六要"群众工作法，健全村民自治和民主管理各项制度，保障村民参与村级重大事项决策和监督，并实行组织目标管理和骨干设岗定责，将各个扶贫重点项目分解落实到各类组织和骨干成员身上，公开承诺，接受监督，推动落实，强化班子战斗力、带动力。

二　赤溪村通过支部坚强引导，带领群众脱贫致富

赤溪村党支部引导成立2家农民专业合作社，以"公司＋合作社＋基地＋农户"模式，发展名优水果300亩、珍贵苗木100亩、油茶900亩、淡水养殖基地80亩，推进现代特色农业发展和山地农业综合开发。同时，12名支部党员发挥带头表率作用，以自身的致富实践，引导贫困群众发展淡水养殖、珍稀苗木、名优果蔬等特色种养，带动30户畲族群众走上了脱贫致富路。

三 赤溪村培养少数民族干部，密切畲汉两族群众关系

赤溪村实行少数民族"三优"政策（少数民族造福工程搬迁优先落实、少数民族群众创业就业优先扶持、少数民族干部优先培养），通过 2017 年村级组织换届选举，积极推选"三有三带"的畲族青年人才充实到村两委，建立一支由畲族优秀青年、优秀大学毕业生等 30 人组成的"大手牵小手"工作队和志愿者队伍到村中参加扶贫实践；加强队伍建设，积极转变工作作风，融洽干部与畲汉群众的关系，准确掌握畲汉群众思想动态，及时了解他们的建议诉求，让扶贫工作找准切入点，实现精准扶贫。

第六章

赤溪村脱贫历程的经验启示

消除贫困，改善民生，逐步实现共同富裕，是社会主义的本质特征，是中国共产党的重要使命。赤溪村认真贯彻中央扶贫开发战略部署，按照习近平总书记提出的"以改革创新引领扶贫方向、以开放意识推动扶贫工作"的原则，发扬"弱鸟先飞、滴水穿石、久久为功"的精神，聚焦全面小康目标，全面实施精准扶贫、精准脱贫，加大扶贫投入，创新扶贫方式，扶贫开发工作取得了明显成效。1984~2016 年，赤溪村农民人均纯收入从 166 元增加到 15696 元，村财收入从无到有，在 2016 年达到 50 万元。30 多年来，赤溪畲族村干部群众艰苦奋斗，顽强拼搏，在上级党委、政府及有关部门的重视关心、支持帮助下，不断地探索实践，创新扶贫开发路。

第一节　弱鸟先飞，滴水穿石
——赤溪村扶贫脱贫的理论指导

"弱鸟先飞""滴水穿石"是习近平同志在《摆脱贫困》一书中倡导的一种精神、一种意识，这种精神、这种意识如影随形，始终像一条红线贯穿于赤溪村扶贫开发进程中。

1984年6月24日，《人民日报》头版刊发了一封反映赤溪下山溪畲族自然村贫困状况的来信和《关怀贫困地区》的评论员文章，引起党中央的高度关注和全国各地的强烈反响。1984年9月29日，中共中央、国务院颁发了《关于帮助贫困地区尽快改变面貌的通知》，全国性的扶贫攻坚工作由此拉开序幕。

1988~1990年，习近平同志在担任宁德地委书记期间曾"四下基层"，参与当地的扶贫工作。习近平同志以强烈的使命感、紧迫感和对老少边地区人民的深厚感情，走遍闽东山山水水，缠绕脑际的核心问题就是"摆脱贫困"。他提出，地方贫困，观念不能"贫困"，干部群众应该牢固树立"弱鸟先飞"的意识，发挥"滴水穿石"的精神，扎扎实实走出一条因地制宜发展经济的路子。在他谋划宁德地区经济社会发展战略总盘中，扶贫工作占有至关重要的地位。首先，"扶贫先要扶志"，要从思想上淡化"贫困意识"，克服"等、靠、要"的思想，把事事求诸人转为事事先求诸己，通过自身的努力弥补不足，变发展劣势为发展优势。其次，要有比较明确的脱贫手段，无论是种植、养殖还是加工业，都要推广"一村一品"项目，各有关部门要为农民脱贫致富提供科技服务。再次，要把脱贫与农村社会主义精神文明建设结合起来，改善农村卫生条件和人居环境，改变"贫困—不卫生—疾病—贫困"的恶性循环。最后，扶贫资金要相对集中一部分用于扶持乡村集体经济实体，增强脱贫后劲；对于一些因连年病灾造成的特困户，要给予适当的救济，并扶持他们发展一些力所能及的生产经营项目；对于居住在山高偏远地方的少数民族，要制定一些扶持少数民族乡村发展的特殊、优惠政策，给他们以更好的帮助。

2016年春节前，《人民日报》、人民网记者深入福建宁德赤溪村采访，并于2月1日，在《人民日报》头版头条、10版整版和人民网首页头条刊发了赤溪村脱贫致富的报道，引发热议。采访期间，支部书记杜家住和笔者托《人民日报》记者给总书记带去了一封信。农历正月十二，2016年2月19日上午，习近平总书记通过人民网，与赤溪村村民视频连线，杜家住代表全村人向总书记汇报了赤溪村的扶贫新进展。在人民网演播室，总书记给杜家住和赤溪村民传来了"特别回信"。他说："'中国扶贫第一村'这个评价是很高的，这里面也确实凝聚着宁德人民群众、赤溪村的心血和汗水。我在宁德讲过，滴水穿石，久久为功，弱鸟先飞，你们做到了。你们的实践也印证了我们现在的方针，就是扶贫工作要因地制宜，精准发力。"

第二节　科学扶贫、精准扶贫
　　——赤溪村扶贫脱贫的实践路径

一　因地制宜，选准产业扶贫路子

　　立足优美生态、畲族文化等资源，发挥地处世界地质公园、国家 5A 级风景名胜区——太姥山西南麓的优势，主动融入"环太姥山旅游经济圈"，实施"农业强村、旅游富村、文化立村、生态美村"，增强自身"造血"功能。引进万博华、耕乐源等旅游公司，投资 7800 多万元建设旅游景区，开发生态（峡谷）运动乐园、七彩农场、野趣园等项目，引进"品品香"等龙头农企建设有机茶、名优果蔬、珍稀苗木等 7 类休闲农业基地，积极打造"全国旅游扶贫试点村""中国乡村旅游模范村""中国最美休闲乡村"品牌。2015 年共接待游客 15 万人次，日游客量最多时上万人次。随着大量游客的纷至沓来，村民依靠旅游业增收的路子越来越宽，从原来单纯以农为业，增加了山地农业、农家体验、餐馆住宿、旅游产品、劳务服务等多种类型的收入渠道。

二　政策扶持，改善生产生活条件

　　一是改善交通"拔穷根"。以时任宁德地委书记习近平同志推动建设"桑园水电站"为契机，1993 年修通了第一条可通车的土路，村民告别了"走山路"的历史；而后陆续修通连接太姥山、福鼎市区的水泥公路，带来了旅游业的起步；2015年7月建成通车的"杨赤公路"及"太姥山—霞浦龙亭—赤溪"旅游公路，更是将赤溪融入全市的"旅游产业圈"。二是造福搬迁"挪穷窝"。以1994年下山溪22户88名畲族群众实施全省首批"造福工程"整村搬迁为先导，将周边12个自然村280多户村民整村搬迁至中心村，并结合美丽乡村建设，逐步完善基础设施，落实后续发展措施，使中心村生产生活条件大幅提升。三是民族特色"显魅力"。依托省民宗厅三年挂钩帮扶整村推进扶贫开发及被列为全国少数民族特色村寨保护与发展试点村的机遇，实施村庄立面改造、畲族风情购物街、畲乡山水木屋维修、防洪堤与沿溪景观带等建设项目，致力打造闽东畲族特色村寨。此外，随着旅游企业进入，景区还建成三个停车场、两座游客服务中心、三座生态休闲山庄和旅游公共厕所等旅游服务设施。赤溪村正立足新定位，完善提升景区及旅游相关配套设施，抓紧融入宁德大旅游格局。

三 精准发力，完善多元保障机制

坚持"政府、群众、社会、市场"协同推进，积极援引工商企业、乡贤及社会组织参与扶贫。在宁德市委的帮助下，福建青拓集团捐赠100万元设立"赤溪村农民产业扶贫基金"。同时，针对贫困户，按照"五因五缺"（即因病、因残、因学、因灾、因偏远，缺技术、缺资金、缺劳力、缺动力、缺市场）分类法，建立"已脱贫群众"巩固提高帮扶、"发展缓慢群体"综合保障帮扶、"发展缺动力群体"思想动员帮扶、"失去劳动力群体"最低生活保障机制，从帮助制订脱贫计划、落实帮扶资金、解决就业、发展致富项目、推销农产品等方面，着力提高脱贫精准度。建立贫困户因灾致贫救助、子女就学帮扶、大病补助等差别化保障制度，实施"海云工程"，防止因病返贫；组建一支30人"大手牵小手"帮扶特困户的志愿者队伍，常态化开展志愿活动。截至目前，全村共有贫困户29户39人，其中五保户13户13人，由政府按每月616元的标准供养，60岁以上老人领取每月100元的养老保险金；低保户14户19人，每人每月领取120~221元的低保金，加上自己的收入，年人均纯收入也达到3497元的扶贫标准；还有2户7人因病因学收入低，纳入建档立卡贫困户管理给予重点帮扶。

四 思想提升，培育脱贫致富能力

坚持扶贫先扶志，着力破除贫困群众"穷自在""等、靠、要"等思想顽疾，培育其自力更生、自主脱贫的本领和志气。如坚持办好基础教育，培养脱贫致富新生代，避免隔代贫穷，援引各方捐资200多万元建设村中心小学、开办幼儿园，随着外出人员回流，在校生由原来仅60人左右增加到现在的118人。得益于几十年来对教育的重视，村里现有 60 多名大学生，结合上级政策，帮助 30 多名大学生创业就业，创办农民专业合作社、茶叶加工厂，发展电子商务等，全村实施大学生创业点 5 个；成立福鼎市烹饪协会分会、青年农民创业就业指导中心、农业技术服务队、农民文化学校等，对接金融部门信贷服务，引导村民发展特色种养、农家乐等创业致富项目，尤其是对接旅游市场，传承"凤凰节"、篝火歌舞等民族传统文化，发展畲族特色商品、餐饮及民宿，让畲族同胞在推动发展中增加收入，提升民族自豪感。此外，赤溪村还成立妇女中心、青年中心、老人活动中心等，完善宽带网络、广播电视、农家书屋、扶贫历史展示厅、生态文化主题公园等设施，丰富群众文体生活，开拓脱贫致富视野。

五 强化核心，夯实基层建设基础

围绕建设发展型和服务型党组织，实施农村"168"党建工作机制，探索创新"四强四引领"（强素质，引领思想观念大转变；强组织，引领脱贫致富奔小康；强服务，引领建设美丽新村；强机制，引领团结稳定促和谐）党建经验，落实好少数民族"三优"政策，团结带领畲汉群众艰苦奋斗、脱贫致富。特别是优先选拔一批优秀民族干部委任至重要工作岗位，将经济能人、种养大户、科技致富带头人选入村"两委"班子，物色培育好本土干部，并以上级下派 2 位驻村第一书记及选派 4 名优秀大学生村官到村工作为契机，聘用 5 名返乡大学生加强村"两委"

工作力量，完善妇代会、团支部等各类组织软硬件建设，构筑引领扶贫开发、自我建小康的组织核心。如成立村委会控股的赤溪生态产业发展有限公司，以村基础设施投入为资本，与旅游公司股份合作，增强村财"造血"功能，2017 年预计可达 34.2 万元；妇代会建立一支 28 人"巾帼志愿者队伍"，帮助妇女申请小额资金贷款，组织开展扶贫帮困、卫生整治、纠纷化解、"最美家庭"评比等活动，营造畲汉群众团结友爱互助、携手奔小康的良好氛围。

第三节　消除贫困，实现共同富裕
——赤溪村扶贫脱贫的经验启示

　　习近平总书记高度评价了赤溪村的扶贫脱贫经验，"30 年来，在党的扶贫政策支持下，宁德赤溪畲族村干部群众艰苦奋斗、顽强拼搏、滴水穿石、久久为功，把一个远近闻名的'贫困村'建成了'小康村'"。"'中国扶贫第一村'这个评价是很高的，这里面也确实凝聚着宁德人民群众、赤溪村的心血和汗水。我在宁德讲过，滴水穿石，久久为功，弱鸟先飞，你们做到了。你们的实践也印证了我们现在的方针，就是扶贫工作要因地制宜，精准发力。"

一　共同富裕，以民为本

精准扶贫精准脱贫必须以新发展理念为指导，切实贯彻以人民为中心的发展思想。习近平同志指出，"发展为了人民，这是马克思主义政治经济学的根本立场"。坚持发展为了人民、发展依靠人民、发展成果由人民共享。理念是行动的先导，一定的发展实践都是由一定的发展理念来引领的。发展理念是否对头，从根本上决定着发展成效乃至成败。精准扶贫精准脱贫是以人民为中心发展思想的生动体现，是落实新发展理念的重要载体。赤溪村在推进精准扶贫精准脱贫的实践中，始终坚持以人民为中心的发展思想，以新发展理念为指导，聚焦问题，精准发力，协调推进脱贫攻坚各项工作，让困难群众最大限度地获得实实在在的利益。其深层动力在于，一方面，真正认识到精准扶贫精准脱贫是实现全面小康社会宏伟目标的重要组成部分，是维护人民群众根本利益的重大民生工程和民心工程，是优化村庄发展格局的重要手段；另一方面更是深刻地认识到，精准扶贫精准脱贫作为以习近平同志为核心的党中央在新的历史起点上对扶贫开发战略所做的重大调整，进一步展示了中国共产党人努力践行为人民服务的意志和决心，在实实在在地带领广大人民摆脱贫困的行动中，锻造着以人民为中心的价值目标。赤溪村的实践证明，推进精准扶贫精准脱贫，坚决打赢脱贫攻坚战，必须进一步牢固树立和自觉践行创新、协调、绿色、开放、共享的新发展理念，切实贯彻以人民为中心的发展思想，把增进人民福祉、促进人的全面发展、朝着共同富裕方向稳步前进作为经济发展的出发点和落脚点。精准扶贫精准脱贫并不仅仅是经济发展起来之后对贫困群众的一种救济政策，精准扶贫精准脱贫的过程，也是农村基层社会治理革新和再造的过程，是对贫困地区农村实现基本公共服务全覆盖的过程，更是与进一步巩固中国共产党的执政根基紧密相关的过程。因此，党员干部在扶贫过程中不仅要"身入"而且要"心入"，只有树立起以人民为中心这一统摄全部精准扶贫精准脱贫思想的核心支柱，才会在具体的每一项工作中做到真正贴近人民意志，体认人民意志，回应人民意志。

二 弱鸟先飞，创新思路

精准扶贫精准脱贫必须深化改革开放，不断完善政策体系和扶贫开发长效机制。习近平同志指出，要深刻理解改革开放与扶贫的关系，二者"出发点和归宿都是为了商品经济的发展，所以都应统一于商品经济规律的运动之中"，改革开放与扶贫彼此融合，要提倡"用开放意识来推动扶贫工作和在扶贫工作上运用开放政策"，改革开放与扶贫相互依存、互相促进，"扶贫的成果将是开放的新起点，开放将使扶贫工作迈向新台阶"。改革开放是当代中国发展进步的活力之源，是解决中国现实问题的根本途径。为了从根本上解决导致贫困发生的各种因素和障碍，福建省在赤溪村扶贫开发工作中十分重视改革的牵引作用，通过深化改革，不断优化整合现有各级各类支持性政策，及时提出适应新的情况变化的政策，并努力使各项扶持政策进一步向苏区老区和少数民族地区倾斜，从而不断提高政策支持的效率和效益，发挥政策在全面取得精准扶贫精准脱贫实效上的合力和引导作用。赤溪村的实践证明，推进精准扶贫精准脱贫必须进一步深化改革开放，不断完善有利于贫困地区和扶贫对象加快发展的扶贫战略和政策体系，构建扶贫开发的长效机制。一要处理好问题导向政策和目标导向政策的关系。既要力求有利于化解近期出现的突出问题，又要确保精准扶贫精准脱贫成效得以巩固，还要适应今后长时期的战略目标和任务需要，超前研究谋划有利于增强扶贫对象和贫困地区自我发展能力，推动贫困地区经济社会加快发展等的支持性政策，做好政策的储备和滚动推出。二要处理好中央扶贫开发政策和地方配套响应政策的关系。近年来，中央出台了一系列强农惠农和扶贫开发政策，各地方要在贯彻落实的过程中，积极主动地通过地方支持政策推动中央导向性政策在实际工作中的落实、细化和配套，并在此基础上实现地方的配套与支持政策同中央的政策在目标、方向和重点上形成合力，确保中央政策的好处毫不走样地全部落实到基层，落实到每一个农民。三要处理好综合性精准扶贫精准脱贫政策和专门性政策的关系。精准扶贫精准脱贫的综合性政策主要是以各级人民政府或综合管理部门名义出台的，主要致力于解决一些面上领域和共性问题。专门性政策主要是指各专业部门出台的各类政策（金融、工商、交通等），重点支持特定领域和行业解决一些点上的问题。综合性扶贫政策相对宽泛和宏观，专门性政策更为具体和微观，两类政策的制定和实施主体不同，需要加强相互间的衔接和支撑。四要处理好精准政策设计和政策落地的关系。加强政策前期调研和咨询论证，提高政策设计的民主、科学和精准性；加大对政策执行的监管，及时查堵政策实施中的漏洞，明确政策执行的主体、对象和标准，严格执行追责和奖惩办法，为政策设计提供鲜活经验和需求。在政策的实施过程中，必须根据不同推进阶段出现的问题和目标任务，及时进行政策的更新调整，努力做到政策稳定性与灵活性的有机统一。

三 因地制宜，精准发力

精准扶贫精准脱贫必须坚持从实际出发，找准路子精准施策。习近平同志在宁德工作期间，多次提及扶贫等各项工作要从"从实际出发"，"我们要面对闽东的实际，消除一切超现实的幻想，继续坚持'因地制宜、分类指导、尽力而为、量力而行、注重效益'的方针，脚踏实地地开展工作"。习近平同志在担任福建省委副书记、省长时，强调要"真扶贫、扶真贫"。当前精准扶贫强调精准到村、精准到户、精准到人，习近平总书记指出："全过程都要精准，有的需要下一番'绣花'功夫。"只有从精准入手，才能逐一解决贫困群众的脱贫问题，才能在区域发展的支持下帮助贫困群众从根本上摆脱贫困。因此，进一步树立精准意识是当前避免在精准扶贫实际操作过程中出现误差的一个重要因素。只有拥有精准意识，才能做到精准判断、精准施策，也才能真正把握好习近平总书记一再强调的"扶贫开发贵在精准，重在精准，成败之举在于精准"这句话的深刻内涵。

精准扶贫精准脱贫不仅要解放思想，坚定信心，更要把握方向，找准路子。赤溪村在推进精准扶贫精准脱贫的实践中，始终遵循习近平总书记提出的"六个精准"的根本要求，坚持按照中央和省里的总体部署，从全局工作的大背景、大前提和贫困地区、贫困人口的实际，因地制宜、因人而异确定发展路子和帮扶措施，通过精准发力、精准施策，有效提升精准扶贫精准脱贫的成效，促进稳定脱贫、不返贫。赤溪村的实践证明，贫困地区和贫困人口要实现真正脱贫，关键是要找准治穷致富路径，针对致贫原因，对症下药。贫困地区和贫困人口只要立足实际，廓清发展思路，找准主攻方向，发挥好比较优势，锲而不舍地干下去，完全可以加快发展，脱贫致富，共同走上富裕之路。

四　艰苦奋斗，顽强拼搏

精准扶贫精准脱贫必须充分发挥贫困群众的主体作用，"扶贫先扶志""扶贫必扶智"。习近平同志指出："贫困地区的发展靠什么？千条万条，最根本的只有两条：一是党的领导；二是人民群众的力量。"加强和改善党的领导，发挥农村贫困群体摆脱贫困的主观能动性，一直是赤溪村精准扶贫精准脱贫工作的重要内容。强调脱贫攻坚工作必须加快从"外部输血式"向"内生造血式"转变的过程，其要点在于通过多种方式的扶贫使贫困群众最终走上自己致富道路，从而真正解决目前在贫困人口中程度不同地存在的等、靠、要的思想，实现扶贫与扶志、扶智相结合。发挥贫困地区群众主观能动性，突出思想文化驱动作用，既要强调贫困群众的志向，也要注重贫困群众的智慧力量，两者缺一不可。

扶志和扶智离不开精神文化力量。习近平同志指出，"扶贫既要富口袋，也要富脑袋。要坚持以促进人的全面发展的理念指导扶贫开发……提升贫困群众教育、文化、健康水平和综合素质，振奋贫困地区和贫困群众精神面貌"。扶志需要扶智作为基础，一旦离开扶智，扶志就失去支撑力量。只有贫困群众精神文化生活丰富了，才能不断增强内在脱贫的扶志力量，从根本上铲除滋生贫困的土壤。在现代社会里，贫困问题不仅仅是一个经济问题，同时也是一个社会问题、政治问题、文化问题。这就要求我们在脱贫攻坚中充分运用辩证思维：既要见物，更要见人。全面小康不仅要实现物质上的必要丰富，更要实现人的全面发展。这就要求在不断加大外部扶持力度、动员更多资源和力量支持贫困地区加快发展的同时，还要致力于激活贫困地区和贫困群众内生发展动力。扶贫先扶志，不论造成贫困有何种直接原因，精神贫困始终是主观上的首要根源。精神贫困首先体现在缺乏脱贫致富的勇气、信心等主观意愿。因此，真正解决贫困问题决不能忽略群众的主观能动性问题。充分发挥政治优势、制度优势、文化优势，重视精神文明在精准扶贫工作中的长期支撑体系作用，把思想引导放到更加突出的位置，摒除陈规陋习，让积极向上的正能量成为贫困群众脱贫致富的良药，从而达到真正调动贫困地区、贫困群众的主体积极性，实现可持续发展的脱贫长远目标。

五　滴水穿石，久久为功

习近平同志指出，"新中国成立以来，我们党带领人民持续向贫困宣战。经过改革开放37年来的努力，我们成功走出了一条中国特色扶贫开发道路，使7亿多农村贫困人口成功脱贫，为全面建成小康社会打下了坚实基础。我国成为世界上减贫人口最多的国家，也是世界上率先完成联合国千年发展目标的国家。这个成就，足以载入人类社会发展史册，也足以向世界证明中国共产党领导和中国特色社会主义制度的优越性"。摆脱贫困是当年习近平总书记在闽东工作期间提出来的重大实践命题和工作使命。习近平总书记的扶贫战略思想确立了福建及赤溪村扶贫工作的基本原则和努力方向，福建及赤溪村始终把"摆脱贫困"作为工作主线，一张蓝图绘到底，一任接着一任干，团结带领广大群众不懈努力，艰苦奋斗，把扶贫开发融入全局工作，在全局中把握、谋划和推动。十八大以来，以习近平同志为核心的党中央提出了精准扶贫精准脱贫的战略要求，这是我们党的扶贫开发战略思想在经历长期实践之后的又一次深化和凝练。全面建成小康社会，最艰巨最繁重的任务在农村，没有农村的小康，特别是没有贫困地区的小康，就没有全面建成小康社会。因此，以习近平同志为核心的党中央把精准扶贫精准脱贫工作纳入"四个全面"战略布局，对党的治理理念与治理方式提出更新更高的要求。滴水穿石，久久为功，深刻认识从摆脱贫困到精准扶贫精准脱贫的内在关系，并从中提炼总结出系统的解决贫困问题的理论和实践经验，遵循精准扶贫精准脱贫的客观规律，真正打赢扶贫攻坚战，亦将对全国和世界的减贫事业起到重要的推进作用。

参考文献

《马克思恩格斯选集》第 1 卷，人民出版社，2012。

《马克思恩格斯选集》第 3 卷，人民出版社，2012。

《马克思恩格斯选集》第 4 卷，人民出版社，2012。

《毛泽东选集》第 3 卷，人民出版社，1991。

《邓小平文选》第 2 卷，人民出版社，1983。

蔡昉、王美艳：《中国城镇劳动参与率的变化及其政策含义》，《中国社会科学》2004 年第 4 期。

陈光金：《中国农村贫困的程度、特征与影响因素分析》，《中国农村经济》2008 年第 9 期。

陈全功、程蹊：《空间贫困理论视野下的民族地区扶贫问题》，《中南民族大学学报》（人文社会科学版）2011 年第 1 期。

陈祥健：《精准扶贫：新时期扶贫开发工作的根本指针》，《福建日报》2015 年 4 月 20 日。

费孝通：《中国社会变迁的文化症结》，载《乡土中国》，上海人民出版社，2007。

高聪颖、吴文琦、贺东航：《扶贫搬迁安置区农民可持续生计问题研究》，《中共福建省委党校学报》2016 年第 9 期。

耿羽、郗永勤：《精准扶贫与乡贤治理的互塑机制》，《中国行政管理》2017年第4期。

龚为纲:《项目制与粮食生产的外部性治理》,《开放时代》2015年第2期。

郭志仪、祝伟:《我国山区少数民族贫困成因的框架分析——基于市场参与率的视角》,《中南民族大学学报》(人文社会科学版)2009年第5期。

贺雪峰:《当前农村扶贫工作中的几对辩证关系》,《中国老区建设》2017年第9期。

贺雪峰:《中国农村反贫困问题研究》,《社会科学文摘》2017年第8期。

霍增辉、吴海涛、丁士军、刘家鹏:《村域地理环境对农户贫困持续性的影响——来自湖北农村的经验证据》,《中南财经政法大学学报》2016年第1期。

杰弗瑞·萨克斯:《贫穷的终结:我们时代的经济可能性》,邹光译,世纪出版集团,上海人民出版社,2007。

黎昕:《〈摆脱贫困〉蕴含的科学方法论》,《福建论坛》(人文社会科学版)2015年第2期。

李博、左停:《遭遇搬迁:精准扶贫视角下扶贫移民搬迁政策执行逻辑的探讨——以陕南王村为例》,《中国农业大学学报》(社会科学版)2016年第2期。

李聪、柳玮、冯伟林、李树苗:《移民搬迁对农户生计策略的影响——基于陕南安康地区的调查》,《中国农村观察》2013年第6期。

李培林、王晓毅:《移民、扶贫与生态文明建设——宁夏生态移民调研报告》,《宁夏社会科学》2013年第3期。

李小云、唐丽霞、许汉泽：《论我国的扶贫治理：基于扶贫资源瞄准和传递的分析》，《吉林大学社会科学学报》2015年第4期。

李小云、叶敬忠、张雪梅、唐丽霞、左停：《中国农村贫困状况报告》，《中国农业大学学报》（社会科学版）2004年第1期。

刘坚：《新阶段扶贫开发的成就与挑战——中国农村扶贫开发纲要（2001–2010年）中期评估报告》，中国财政经济出版社，2006。

刘升：《精英俘获与扶贫资源资本化研究——基于河北南村的个案研究》，《南京农业大学学报》（社会科学版）2015年第5期。

彭国华：《中国地区收入差距、全要素生产率及其收敛分析》，《经济研究》2005年第9期。

曲玮、涂勤、牛叔文：《贫困与地理环境关系的相关研究述评》，《甘肃社会科学》2010年第1期。

孙慧钧：《我国农村区域间收入差距构成的实证分析》，《统计研究》2007年第11期。

汪三贵、郭子豪：《论中国的精准扶贫》，《贵州社会科学》2015年第5期。

王朝明：《马克思主义贫困理论的创新与发展》，《当代经济研究》2008年第2期。

王春光：《社会治理视角下的农村开发扶贫问题研究》，《中共福建省委党校学报》2008年第3期。

王德福、桂华：《大规模农地流转的经济与社会后果分析——基于皖南林村的考察》，《华南农业大学学报》（社会科学版）2011 年第 2 期。

王宏新、付甜、张文杰：《中国易地扶贫搬迁政策的演进特征——基于政策文本量化分析 3》，《国家行政学院学报》2017 年第 3 期。

王国萍、吴旭涛、雷顺号：《用信念点亮致富征程》，《福建日报》2017 年 2 月 19 日。

王铁林：《论认识主体与文化环境的相关效应》，《社会科学战线》1991 年第 2 期。

王晓毅：《易地扶贫搬迁方式的转变与创新》，《改革》2016 年第 8 期。

王兆萍：《贫困文化结构探论》，《求索》2007 年第 2 期。

吴理财：《论贫困文化（上）》，《社会》2001 年第 8 期。

习近平：《中国农村市场化建设研究》，人民出版社，2001。

习近平：《对发展社会主义市场经济的再认识》，《东南学术》2001 年第 4 期。

习近平：《摆脱贫困》，福建人民出版社，2014。

习近平：《在中央扶贫开发会议上的讲话》，《人民日报》2015 年 11 月 28 日。

习近平：《在河北省阜平县考察扶贫工作时的讲话》，《人民日报》2012 年 12 月 29 日。

习近平：《在中央农村工作会议上的讲话》，《人民日报》2017 年 12 月 30 日。

习近平：《在打好精准脱贫攻坚战座谈会上的讲话》，2018 年 2 月 12 日。

习近平：《不断开拓当代中国马克思主义政治经济学新境界》

2015 年 11 月 23 日（2015b）。

习近平：《习近平参加四川代表团审议》，《四川日报》2017年 3 月 9 日（2017b）。

邢成举、李小云：《精英俘获与财政扶贫项目目标偏离的研究》，《中国行政管理》2013 年第 9 期。

阎云翔：《私人生活的变革》，龚小夏译，上海书店出版社，2006。

杨甫旺：《异地扶贫搬迁与文化适应——以云南省永仁县异地扶贫搬迁移民为例》，《贵州民族研究》2008 年第 6 期。

叶文振、严静：《关于扶贫问题的社会学再思考——以福建省为例》，《福建江夏学院学报》2013 年第 3 期。

赵鹏：《走绿色发展、生态富民之路——赤溪村人的新追求》，《人民日报》2017 年 9 月 14 日。

詹姆斯·C. 斯科特：《农民的道义经济学：东南亚的反叛与生存》，程立显、刘建译，译林出版社，2001。

张晓旭、冯宗宪：《中国人均 GDP 的空间相关与地区收敛：1978—2003》，《经济学季刊》2008 年第 2 期。

周晓虹：《西方社会学历史与体系》，上海人民出版社，2002。

郑传芳：《使移民搬迁成为"民心工程"》，《人民日报》2016 年 11 月 14 日。

中国社会科学院农村发展研究所课题组：《改革开放 40 年中国扶贫改革实践研究》，研究报告，2018。

庄天慧、张海霞、傅新红：《少数民族地区村级发展环境对贫困人口返贫的影响分析——基于四川、贵州、重庆少数民族地区 67 个村的调查》,《农业技术经济》2011 年第 2 期。

左停、杨雨鑫、钟玲:《精准扶贫：技术靶向、理论解析和现实挑战》,《贵州社会科学》2015 年第 8 期。

Barbier, E. B.Poverty, Development and Environment, Environment and Development Economics, 15(6): 635–660, 2010.

Jalan J , Ravallion. M . Spatial Poverty Traps . The World Bank, Development Research Group , 1997 .

Krugman, P. Development, Geography and Economic Theory, Cambridge: MIT Press, 1997.

后 记

　　本书是中国社会科学院国情调研特大项目"精准扶贫精准脱贫百村调研"子课题的研究成果。项目启动后,主持人中国社会科学院科研局王子豪副局长和福建社会科学院黎昕副院长商议将调研地点选定在福建省宁德市福鼎市磻溪镇赤溪村。1984年《人民日报》头版刊登反映赤溪村下山溪畲族自然村群众贫困状况后,拉开了全国大规模、有组织扶贫攻坚的帷幕,因此赤溪村被称为"中国扶贫第一村"。2015年赤溪村的扶贫开发工作得到了习近平总书记的批示肯定,2016年习近平总书记还通过人民网与赤溪村民视频连线在线交流。

　　福建社会科学院副院长黎昕研究员、福建社会科学院社会学研究所所长许维勤研究员、福建社会科学院哲学研究所所长张文彪研究员、福建社会科学院社会学研究所耿羽副研究员、福建社会科学院文献信息中心张锦周副研究员在2017~2018年多次前往赤溪村调研,按照中国社会科学院设计的"扶贫百村调研"问卷,通过半结构访谈、问卷调查、参与式观察等方法,细致了解赤溪村扶贫脱贫概况,对赤溪村扶贫脱贫长效可持续机制和经验进行提炼和总结。在调研过程中，有幸得到原宁德市委宣传部副部长、闽东日报社王绍据总编的悉心指点，王绍据总编提供了许多亲历采访材料并参与了调研报告的撰写和修改。

感谢福鼎市委党校常务副校长潘其信为我们调研提供便利，感谢赤溪村党总支第一书记王纯华、赤溪村党总支书记杜家住、赤溪村村委会主任吴贻国等耐心为我们介绍赤溪村情村貌并联系调研诸事项，感谢所有访谈对象和问卷调查对象细致地为我们讲述脱贫历程。

感谢中国社会科学院社会学研究所所长陈光金研究员对调研报告提出的宝贵建议，感谢中国社会科学院社会学研究所科研处刁鹏飞处长协调了大量调研相关事宜，感谢中国社会科学院科研局闫珺老师和中国社会科学院研究生院曲海燕博士多次细致解答调研问题，感谢武汉大学社会学院龚为纲副教授帮助处理问卷数据。

感谢社会科学文献出版社宋静老师在审稿和校对中付出的辛勤劳动。

希望我们课题组成员在今后的学术研究过程中，能吸收借鉴赤溪村的脱贫启示——滴水穿石，久久为功。

著　者

2019 年 12 月

图书在版编目（CIP）数据

　　精准扶贫精准脱贫百村调研. 赤溪村卷："全国扶贫第一村"的脱贫实践 / 黎昕, 王绍据, 耿羽著. -- 北京：社会科学文献出版社, 2020.6
　　ISBN 978-7-5201-5512-0

　　Ⅰ.①精…　Ⅱ.①黎…②王…③耿…　Ⅲ.①农村-扶贫-调查报告-福鼎　Ⅳ.①F323.8

　　中国版本图书馆CIP数据核字（2019）第201325号

·精准扶贫精准脱贫百村调研丛书·

精准扶贫精准脱贫百村调研·赤溪村卷
——"全国扶贫第一村"的脱贫实践

著　　者 / 黎　昕　王绍据　耿　羽

出 版 人 / 谢寿光
组稿编辑 / 邓泳红　陈　颖
责任编辑 / 宋　静

出　　版 / 社会科学文献出版社·皮书出版分社（010）59367127
　　　　　　地址：北京市北三环中路甲29号院华龙大厦　邮编：100029
　　　　　　网址：www.ssap.com.cn
发　　行 / 市场营销中心（010）59367081　59367083
印　　装 / 三河市尚艺印刷有限公司
规　　格 / 开　本：787mm×1092mm 1/16
　　　　　　印　张：8.25　字　数：78千字
版　　次 / 2020年6月第1版　2020年6月第1次印刷
书　　号 / ISBN 978-7-5201-5512-0
定　　价 / 59.00元